Hilary Putnam

C(

Reihe Campus
Einführungen
Band 1083

Herausgegeben von
Hans-Martin Lohmann (Heidelberg)
Alfred Paffenholz (Bremen)
Willem van Reijen (Utrecht)
Martin Weinmann (Wiesbaden)

Unter den meist sehr spezialisierten Philosophen der Gegenwart nimmt Putnam eine Sonderstellung ein: Sein Werk behandelt in virtuoser Weise verschiedenste Themen aus der gesamten theoretischen Philosophie; sie reichen von den Grundlagenproblemen der Mathematik und Wissenschaftstheorie bis zu den zentralen Streitfragen der Sprachphilosophie und der Philosophie des Geistes. Seit den 60er Jahren ist es ihm mehrmals gelungen, die Fachdiskussion in neue Bahnen zu lenken – sei es als Begründer des Funktionalismus in der Kognitionswissenschaft, sei es durch die Ausarbeitung einer neuen Theorie der Bedeutung.

Diese Einführung bettet die Schwerpunkt von Putnams Denken in einen historischen und systematischen Kontext ein und erörtert seinen in den 80er Jahren ausgearbeiteten »internen Realismus«, mit dem er die Probleme der heutigen Philosophie in ein systematisches Ganzes zu integrieren versucht. In einem Interview nimmt Putnam überdies zu einigen Kritikpunkten Burris Stellung.

Alex Burri ist Assistent am Institut für Philosophie der Universität Bern.

Alex Burri

Hilary Putnam

Campus Verlag
Frankfurt/New York

Redaktion: Martin Weinmann

Die Deutsche Bibliothek – CIP-Einheitsaufnahme

Burri, Alex:
Hilary Putnam / Alex Burri. – Frankfurt/Main; New York:
Campus Verlag, 1994
   (Reihe Campus; Bd. 1083: Einführungen)
   ISBN 3-593-35126-9
NE: GT

Copyright © 1994 bei Campus Verlag GmbH, Frankfurt/Main
Umschlaggestaltung: Atelier Warminski, Büdingen, nach einem Photo von
Harvey P. Gavagai
Satz: Fotosatz L. Huhn, Maintal-Bischofsheim
Druck und Bindung: Friedrich Pustet, Regensburg
Dieses Buch wurde auf säurefreiem und chlorfrei gebleichtem
Papier gedruckt.
Printed in Germany

Inhalt

Siglen

MFR *The Many Faces of Realism,* La Salle: Open Court, 1987.

MMS *Meaning and the Moral Sciences,* London: Routledge & Kegan, 1978.

PP1 *Mathematics, Matter and Method. Philosophical Papers, Volume 1,* Cambridge: Cambridge University Press, 1975.

PP2 *Mind, Language and Reality. Philosophical Papers, Volume 2,* Cambridge: Cambridge University Press, 1975.

PP3 *Realism and Reason. Philosophical Papers, Volume 3.* Cambridge: Cambridge University Press, 1983.

RHF *Realism with a Human Face,* Cambridge: Harvard University Press, 1990.

RPY *Renewing Philosophy,* Cambridge: Harvard University Press, 1992.

RR *Representation and Reality,* Cambridge: MIT Press, 1988.

RTH *Reason, Truth and History,* Cambridge: Cambridge University Press, 1981.

Einleitung

Eine angesehene englische Wochenzeitschrift schrieb unlängst über Hilary Putnam, er sei einer von »America's top philosophers«.[1] Und in der Tat gehört der seit 1965 an der Harvard University lehrende Putnam im englischen Sprachraum zu den einflußreichsten und meist diskutierten Philosophen.[2] Sein Werk fällt namentlich durch die außerordentliche thematische Bandbreite auf – hat er doch Arbeiten zur Logik, zur Philosophie der Mathematik, zur Interpretation der Quantenmechanik, zur Wissenschaftstheorie, zur Philosophie des Geistes, zur Sprachphilosophie, zur Erkenntnistheorie, zu ethischen Fragen und zur neueren Philosophiegeschichte verfaßt. Wolfgang Stegmüller hat deshalb nicht zu Unrecht behauptet, er sei »vielleicht der einzige Philosoph der Gegenwart, der noch so etwas wie einen ›Totalüberblick‹« besitze.[3] In zahlreichen der genannten Gebiete ist es Putnam überdies gelungen, Neuland zu betreten und, wie man heute zu sagen pflegt, einen Paradigmenwechsel zu vollziehen. So lenkten beispielsweise seine Aufsätze zur Philosophie des Geistes und zur Sprachphilosophie die Fachdiskussionen auf neue Bahnen.

Es ist für Putnams Denken kennzeichnend, daß er bei den einmal ausgearbeiteten Positionen nur selten stehenbleibt, sondern aufgrund kritischer Einwände anderer Autoren und aufgrund eigener, weiterführender Überlegungen früher eingenommene Standpunkte revidiert. Die Tatsache, verschiedentlich seine Auffassung geändert und ursprüngliche Überzeugungen im Lichte neuer Einsichten kritisiert zu haben, wurde ihm zwar als Charakterschwäche ausgelegt (RR xi), ist im Grunde genommen aber Zeichen eines integren, dem zwanglosen Zwang des besseren Argumentes verpflichteten Philosophierens. Obwohl er schon innerhalb seiner »funktionalistischen Periode« gewisse Korrekturen an seiner Theorie des Geistes vorgenommen hatte, läßt sich sein wichtigster philosophischer Gesinnungswandel recht genau datieren: Dieser fällt auf das Jahr 1976, in dem er den zwei Jahre später veröffentlichten Aufsatz »Realism and Reason« (MMS 123-138) verfaßte und vor der *Eastern Division of the American Philosophical Association* vortrug. Darin skizzierte er erstmals die Position des sogenannten internen Realismus, die sein Denken noch heute bestimmt.

Da er seither nicht weniger als zwei Aufsatzsammlungen und vier Bücher veröffentlicht hat, scheint es vielleicht etwas unausgewogen, daß in der vorliegenden Einführung drei von vier Kapiteln seinem vorinternalistischen Denken gewidmet sind. Die eigentlichen Pointen und die spezifische Ausprägung des internen Realismus werden jedoch nur im Kontrast zu den älteren, ebenfalls recht umfangreichen Arbeiten verständlich. Überdies scheinen – das ist jedenfalls meine persönliche Ansicht – einige frühere Ansichten Putnams (namentlich, was die Wissenschaftstheorie und den Begriff einer beobachtungs- beziehungsweise beschreibungsunabhängigen Wirklichkeit betrifft) tragfähiger zu sein als die ihnen entsprechenden neueren Thesen. Im Kapitel über den internen Realismus nehmen die kritischen Einwände denn auch mehr Raum ein als in den vorangehenden Teilen. Dem primär darstellenden Charakter einer Einführung bleibt aber auch das Kapitel IV treu. Die Leserinnen und Leser werden sich also selber ein Urteil über die Tragfähigkeit einiger neuerer Thesen Putnams bilden können.

Was haben wir uns unter jenem wichtigen Gesinnungswandel vorzustellen? Mit den Werken Berkeleys, Humes und Kants rückte die Debatte zwischen Realismus und Idealismus zu einem zentralen Thema der Philosophie auf. Sie wird auch heute noch mit unvermindertem Engagement unter den unterschiedlichsten Losungen weitergeführt: »Physikalismus«, »Reduktionismus«, »Szientismus«, »Relativismus«, »Empirismus«, »Instrumentalismus« oder »Konstruktivismus«. Den strittigen Punkt bildet aber stets das Dreiecksverhältnis von Mensch, Weltbild und Welt: Inwiefern lassen sich Welt und Weltbild überhaupt sinnvoll trennen? Wie stark wird das Weltbild durch den Menschen und wie stark durch die Welt selbst geprägt? Können zwei einander widersprechende Weltbilder beide richtig sein?

In seinen früheren Arbeiten zur Wissenschaftstheorie (Kapitel III) verteidigte Putnam eine realistische, den Begriffen der objektiven Wahrheit und der theorieunabhängigen Welt verpflichtete Position gegen die damals vorherrschenden empiristisch-relativistischen Auffassungen des Wiener Kreises sowie der Wissenschaftstheoretiker Kuhn und Feyerabend. Nach seiner philosophischen Wende (Kapitel IV) nahm er jedoch einen von Kant inspirierten Standpunkt ein, wonach die Begriffe der Tatsache und der Objektivität nur relativ zu einer bestimmten Theorie beziehungsweise zu einem bestimmten Begriffssystem Sinn machen. Mit diesem Sinneswandel ging zudem ein neues, von unseren Vorstellungen menschlicher Werte und menschlicher Rationalität geprägtes Bild der Philosophie einher.

In der für das Denken des 20. Jahrhunderts zentral gewordenen Sprachphilosophie (Kapitel II) ist es Putnam mit einer Reihe von Aufsätzen gelungen, der Fachdiskussion eine andere Richtung zu geben. Das von Frege, Russell und Carnap etablierte, bis in die siebziger Jahre vorherrschende Sprachverständnis beruhte auf der grundlegenden Annahme, daß die Bedeutung eines sprachlichen Ausdrucks dessen Referenz determiniert. Demgegenüber vermochte Putnam unter anderem mit Hilfe von Gedankenexperimenten zu zeigen, daß die Kenntnisse und Kompetenzen eines einzelnen Sprechers und manchmal sogar einer ganzen Sprachgemeinschaft nicht dazu ausreichen, die Referenz bestimmter Ausdrücke festzulegen. Seine Argumente führten zu einem überraschenden Ergebnis: Bei sprachlichen Bedeutungen kann es sich nicht um mentale Gebilde handeln; sie lassen sich also nicht auf das reduzieren, was im Gehirn oder Geist der Sprachbenützer vor sich geht. Diese Einsicht beeinflußt noch heute nicht nur die Sprachphilosophie, sondern auch die Philosophie des Geistes und die Erkenntnistheorie[4]: Ihretwegen sind in der Philosophie des Geistes verschiedene Positionen bezüglich des Leib-Seele-Problems unter Druck geraten, während in der Erkenntnistheorie neue Argumente gegen den Skeptizismus möglich geworden sind.[5]

Zur Ausarbeitung neuer geistesphilosophischer Perspektiven hat Putnam selbst ebenfalls viel beigetragen (Kapitel I). Von 1960 bis 1973 verfaßte er mehrere Aufsätze, in denen er den sogenannten Funktionalismus begründete. Gemäß dieser später zur Standardtheorie des Geistes avancierten Auffassung gilt der Computer nicht zuletzt deshalb als das geeignetste Modell des Geistes, weil sich die Arbeitsweise des ersteren exakt beschreiben läßt. Die Komplexität des Untersuchungsgegenstandes »Geist« soll also durch die Reduktion auf ein handhabbares Modell beseitigt werden, und zwar unter der stillschweigenden Annahme, daß bei dieser Reduktion nichts Wesentliches verlorengeht. Für die Lösung des klassischen Leib-Seele-Problems eröffnen sich dadurch neue Möglichkeiten. Die Arbeitsweise eines Computers wird nämlich nicht primär durch seinen materiellen Aufbau bestimmt, sondern durch sein Programm. Zwar ist das Programm in gewissen physischen Zuständen der Maschine realisiert, doch fällt es mit keinem materiellen Aspekt des Computers vollständig zusammen. Was für die Beziehung zwischen Soft- und Hardware gilt, könnte also auch auf das Verhältnis von geistigen Zuständen einerseits und Gehirnzuständen andererseits zutreffen.

Die Vielfalt der von Putnam behandelten Themen macht

eine Beschränkung unumgänglich. Diese Einführung muß deshalb auf eine Darstellung seiner Arbeiten zur Logik, zur Philosophie der Mathematik und zur Interpretation der Quantenmechanik verzichten – nicht zuletzt wegen des zum Teil sehr anspruchsvollen Hintergrundes. Die vier im folgenden behandelten Themenschwerpunkte machen aber deutlich, daß im zeitgenössischen Denken eine klare Trennung philosophischer Teildisziplinen schwerfällt: Die geistes-, sprach-, wissenschafts- und erkenntnisphilosophischen Fragestellungen hängen voneinander ab und beeinflussen einander. Diese Interdependenz beschränkt sich jedoch nicht auf die genannten Bereiche, sondern erstreckt sich im Prinzip auch auf die gemeinhin als randständig geltenden Gebiete des Fachs, seien es die philosophischen Grundlagen der Mathematik, seien es die Interpretationsprobleme hinsichtlich der Naturwissenschaften. So hat Putnam zur Stützung des internen Realismus beispielsweise auch Argumente aus der Quantenmechanik vorgelegt. (RHF 3-11) »Es ist unglücklicherweise eine Eigentümlichkeit der modernen Philosophie«, schreibt er an einer anderen Stelle, »daß ihre Probleme drei unterschiedlichen Bereichen angehören – grob gesagt den Bereichen der Linguistik, der Logik und der ›Theorie der Theorien‹ (der wissenschaftlichen Methodologie) – und daß zahlreiche ihrer Vertreter versuchen, mit unzureichenden Kenntnissen von mindestens zwei dieser drei durchzukommen.« (PP2 334)

Für Hinweise danke ich Angelika Callaway, Jürg Freudiger, Andreas Graeser, Henri Lauener, Eduard Marbach, Vincent C. Müller, Klaus Petrus, Markus Sprenger und Martin Weinmann.

I. Philosophie des Geistes

1. Das Leib-Seele-Problem

In der Philosophie des Geistes gilt das sogenannte Leib-Seele-Problem als zentrales Thema. Allerdings läßt sich nicht ohne weiteres sagen, worin dieses Problem genau besteht. Eine mögliche Formulierung lautet: In welcher Beziehung steht der menschliche Geist (die Psyche) zum menschlichen Körper? Eine solche Ausdrucksweise legt jedoch nahe, daß es sich sowohl beim Leib als auch beim Geist um selbständige Dinge handelt. Ansonsten wäre es ja nicht sinnvoll, nach ihrem Verhältnis zu fragen. Daß der Geist als selbständiges, unabhängig vom Körper beschreibbares Ding betrachtet werden kann, ist in der philosophischen Diskussion aber gerade umstritten. So stellen beispielsweise die Materialisten die Existenz des Geistigen rundweg in Abrede. Folglich würden sie unsere Ausgangsfrage und damit natürlich auch das in ihr formulierte Problem für trivial halten. Der materialistische Standpunkt ist aber seinerseits alles andere als trivial und deshalb rechtfertigungsbedürftig. In der wie auch immer gearteten Rechtfertigung des Materialismus verbirgt sich dann der eigentliche Versuch, das Leib-Seele-Problem zu lösen. Nur nimmt das Leib-Seele-Problem dann die Gestalt einer anderen Frage an: Was ist Geist? Und darauf antwortet ein Materialist eben: nichts – neben dem Körper beziehungsweise dem Gehirn existiert nicht noch so etwas wie Geist.

Die Leib-Seele-Diskussion dreht sich also nicht um ein eng umrissenes Problem. Sie beruht vielmehr auf einer ganzen Reihe verwandter Fragen, die den ontologischen Status mentaler Phänomene und deren kausale Rolle in menschlichen Handlungen betreffen. Dabei kommt unserem alltäglichen Selbstverständnis entscheidende Bedeutung zu. Der Alltagsverstand macht zwischen lebendigen Menschen einerseits und Dingen wie Steinen, Wolken oder Leichen andererseits einen tiefgreifenden Unterschied: Während menschliche Handlungen ausgesprochen vielfältig sind und uns daher stets von neuem überraschen, haftet dem Geschehen in der leblosen Welt eine gewisse Voraussehbarkeit an. Und genau das, was kausal für den Unterschied zwischen dem Verhalten eines Menschen und dem Verhalten einer Billardkugel oder eines Wassertropfens verantwortlich ist, bezeichnen wir gemeinhin als Seele, Geist oder Verstand.[6] Wenn aber einmal eine Einteilung in geistige und körperliche Eigenschaften beziehungsweise Fähigkeiten getroffen worden ist, stellt sich die Frage nach ihrem Zusammenspiel: Wie können sich psychische Zustände überhaupt auf körperliche Zustände auswirken und wie vermögen sie unser konkretes Handeln zu beeinflussen? Auf welche Weise verändern umgekehrt das leibliche Befinden und die sinnliche Erfahrung unsere Wünsche und Überzeugungen?

Zwar scheint die alltägliche Unterscheidung zwischen beseelten und unbeseelten Dingen auf der Hand zu liegen, doch zeigt ein Blick auf andere Kulturen, wie wenig selbstverständlich sie im Grunde genommen ist. Zahlreiche Naturvölker leben in einer animistischen Vorstellungswelt, in der die Gegenstände als beseelt gelten. Für sie fällt jede Veränderung in der Welt mit einer absichtlich ausgeführten Handlung zusammen. Insofern würde sich das Leib-Seele-Problem aus ihrer Perspektive vermutlich gar nicht stellen. Es liegt deshalb nahe, die historischen Wurzeln des Problems im Übergang vom mythischen zum rationalen Weltbild der Vorsokratiker zu sehen. Aus philosophischer Sicht drängt sich aber eher Platons Lehre als Ursprung dieser Problematik auf. Denn Platon war der erste Denker, der eine klare Trennung zwischen Leib und Seele postulierte, um in einem zweiten Schritt Argumente für die Unsterblichkeit der letzteren ins Feld führen zu können.[7] Seine dualistische Auffassung von Körper und Geist erwies sich namentlich im Rahmen der christlichen Theologie als einflußreich. Im siebzehnten Jahrhundert erhielt der Dualismus dann aufgrund erkenntnistheoretischer Überlegungen René Descartes' erstmals eine systematische Ausprägung.

2. Von Descartes zu Leibniz

In seinen *Meditationen* versucht Descartes, den fundamentalen Gegensatz zwischen denkender Seelensubstanz (res cogitans) einerseits und ausgedehnter Körpersubstanz (res extensa) andererseits zu begründen. Ähnlich wie später Ludwig Wittgenstein geht er davon aus, daß der menschliche Körper nicht Teil dessen ist, was wir strenggenommen als »Ich« bezeichnen.[8] Während uns nämlich – wie das nach Amputationen auftretende Phänomen der Phantomschmerzen zeigt – leibliche Empfindungen mitunter täuschen, können wir uns nicht darüber irren, daß wir denken beziehungsweise uns gewisser geistiger Vorgänge bewußt sind. Im Gegensatz zu leiblichen Empfindungen und damit zum Körper selbst bilden Gedanken einen unabtrennbaren Teil des Ich. Dementsprechend besteht das Ich für Descartes lediglich aus der denkenden Substanz, die im Prinzip auch ohne den Körper zu existieren vermag.[9]

Anders als Platon bringt Descartes nicht nur Argumente für die grundsätzliche Verschiedenheit von Leib und Seele vor, sondern spekuliert auch darüber, wie sich diese beiden Substanzen wechselseitig zu beeinflussen vermögen. Damit deutet er gleich selber an, worin die zentrale Schwierigkeit der dualistischen Auffassung besteht – in der Frage nämlich, inwiefern Körper und Geist als unabhängig voneinander existierende Wesenheiten überhaupt kausal aufeinander einwirken können. Denn ohne Zweifel verursachen die Absichten und Überzeugungen eines Menschen dessen konkrete Handlungen, während umgekehrt das körperliche Verhalten seine Wünsche verändert oder sein Wissen erweitert. Die wechselweise kausale Beeinflussung von Leib und Seele stellt sich für Descartes schon deshalb als problematisch heraus, weil er das physikalische, also für sämtliche Körper geltende Energieerhaltungsgesetz bereits kannte:[10] Wenn die Gesamtenergie in physischen Abläufen stets unverändert bleibt, kann die Einwirkungen der Seele auf den Leib (und umgekehrt) nicht auf einer Energieübertragung zwischen diesen beiden Substanzen beruhen. Wie haben wir uns also deren Wechselwirkung vorzustellen?

Descartes legt eine detaillierte physiologische Theorie vor, derzufolge die Zirbeldrüse des Gehirns als Schnittstelle von Seele und Körper zu gelten hat. Die Seele wirkt kausal auf den Körper ein, indem sie die Zirbeldrüse in verschiedene Richtungen neigt und dadurch kleine Partikel, die aus dem Blut stammen und im Nervensystem zirkulieren, in die unterschiedlichen röhrenförmigen Nervenenden des Gehirns lenkt. Je nachdem, in welche Röhren die Partikel eindringen, ziehen sich an den entgegengesetzten Nervenenden andere Muskeln zusammen. Diese verursachen ihrerseits die Bewegung der Glieder. Umgekehrt werden äußere Reize wie zum Beispiel Sinneswahrnehmungen durch die in den Nervenröhren fließenden Partikel auf die Zirbeldrüse übertragen. Je nach deren Neigung entstehen in der Seele dann verschiedene Vorstellungen.[11] Der Geist wirkt also nach Descartes dadurch auf den Körper ein, daß er die Richtung, aber nicht die Geschwindigkeit oder die Menge der zirkulierenden Nervenflüssigkeit verändert. So glaubte Descartes die Schwierigkeit mit der Energieerhaltung gelöst zu haben.[12]

Das von Gottfried Wilhelm Leibniz kurze Zeit später

entdeckte Impulserhaltungsgesetz – er selbst nannte es das Gesetz von der Erhaltung der Gesamtrichtung in der Materie – legte jedoch die Unzulänglichkeit der Cartesischen Theorie offen: Wenn sich die Richtungsänderungen der Körper gesamthaft stets aufheben, kann die kausale Einwirkung der Seele auf den Leib auch nicht über die willentlich herbeigeführte Neigung der Zirbeldrüse erfolgen. Zusammengenommen scheinen die beiden Erhaltungsgesetze den Vorgängen in der materiellen Welt also zu wenig Spielraum zu lassen, um der von Descartes postulierten geistigen Substanz irgendwelche kausalen Einflußmöglichkeiten zuschreiben zu können. Das ist im 20. Jahrhundert mit dem Hinweis auf die überraschenden Erkenntnisse der Quantenmechanik zwar bestritten worden, für Leibniz bestand an dieser Konklusion jedoch kein Zweifel: »Descartes hat richtig erkannt, daß die Seelen den Körpern keine Kraft [d.h. Energie] zuführen können, weil in der Materie stets dieselbe Größe der Kraft vorhanden ist. Er hat jedoch geglaubt, die Seele könnte die Richtung der Körper ändern. Es kommt das indessen daher, daß man zu seiner Zeit das Naturgesetz von der Erhaltung derselben Gesamtrichtung in der Materie nicht gekannt hat. Hätte er dieses beachtet, so wäre er auf mein System der prästabilierten Harmonie verfallen.«[13]

Gemäß der Leibnizschen Lehre von der prästabilierten Harmonie finden zwischen Körper und Geist keine Wechselwirkungen statt, obwohl den Vorgängen in der einen Substanz die Vorgänge in der anderen Substanz stets vollkommen entsprechen. Nach Leibniz ist die Welt nämlich so beschaffen, daß alle Substanzen, ohne je miteinander zu interagieren, ausschließlich aus sich selbst heraus tätig sind, aber ihre Zustände wie synchronisierte Uhren dennoch übereinstimmend verändern.[14] Mit diesem Parallelismus erübrigt sich natürlich die Frage, wie Körper und Geist aufeinander einwirken. Allerdings vermag Leibniz damit der alltäglich Intuition, daß die psychischen Zustände unsere Handlungen wirklich beeinflussen, nicht Rechnung zu tragen. Überdies ist trotz seiner anderslautenden Beteuerungen schwer einzusehen, wie er den für die Ethik wichtigen Begriff der Willensfreiheit im Rahmen einer solchen Lehre retten kann: Wenn die Tätigkeiten der Seele stets mit den materiellen Veränderungen übereinstimmen, die letzteren aber durch die Erhaltungsgesetze determiniert sind, müssen auch die ersteren determiniert sein.

3. Materialismus und Behaviorismus

Obwohl Leibniz die Cartesische Theorie der Wechselwirkung zwischen Leib und Seele kritisierte und ihr eine eigene Lehre entgegenstellte, blieb er Descartes' Dualismus treu: Auch für Leibniz gelten Körper und Geist als selbständige, unabhängige Dinge. Schon in der Mitte des siebzehnten Jahrhunderts hatte jedoch Thomas Hobbes einen anderen Weg eingeschlagen und erstmals seit der Antike eine kompromißlose materialistische Philosophie vorgelegt, gemäß der das Denken beziehungsweise der Geist etwas Körperliches ist.[15] Dem Cartesischen Argument für die Unkörperlichkeit des Denkens wirft er Begriffshypostasierung vor. Denn weil es möglich sei, so gibt Hobbes zu bedenken, eine Tätigkeit oder eine Eigenschaft wie etwa die Wärme eines Gegenstandes ohne ihren Träger zu betrachten, neige man dazu, Tätigkeiten oder Eigenschaften überhaupt von ihrer materiellen Grundlage zu trennen und sie als selbständige Wesenheiten aufzufassen. Und da man auch das Denken ohne Rücksicht auf den Körper betrachten könne, hätten einige Philosophen den Fehlschluß gezogen, Denken sei auch ohne Körper möglich. Für Hobbes sind »geistige« Vorgänge wie Denken, Wahrnehmen oder Empfinden aber nichts anderes als Bewegungen kleinster Körperpartikel, insbesondere im Gehirn.[16]

Im 18. Jahrhundert trat der Arzt und Philosoph Julien

Offray de La Mettrie vehement für den Materialismus ein – weshalb er gezwungen wurde, seine Pariser Praxis aufzugeben und Frankreich zu verlassen. Im Gegensatz zu Hobbes stützte er seine Auffassung nur auf empirische Argumente, weil er auf dem Gebiet der Anthropologie jegliche philosophische Spekulation ablehnte. Der Mensch ist nach La Mettrie nämlich zu kompliziert gebaut, als daß aus apriorischen Überlegungen irgendwelche Schlüsse über seine Natur abgeleitet werden könnten. Aus verschiedenen Beobachtungen, wonach zum Beispiel körperliche Krankheiten, der Schlaf, das Alter und selbst das Klima sich auf die seelische Verfassung eines Menschen auswirken, zieht La Mettrie den Schluß, die Zustände der Seele stünden stets in einem Wechselverhältnis zu denen des Körpers. Überdies belegen seines Erachtens zahlreiche experimentelle Befunde, daß die Teile des Körpers auch isoliert – und das heißt ohne ein übergeordnetes, seit Hippokrates traditionellerweise »Seele« genanntes Lebensprinzip – funktionstüchtig bleiben: So zögen sich zum Beispiel die vom übrigen Körper abgetrennten Muskeln zusammen, wenn man sie steche. Folglich wohne die Lebenskraft von Organismen den Körperteilen beziehungsweise der Materie selbst inne. Der menschliche Körper ist mit anderen Worten »eine Maschine, die selbst ihre Triebfedern aufzieht« und die Seele nichts anderes als »ein empfindlicher materieller Teil des Gehirns«.[17]

Daß La Mettrie den menschlichen Körper und damit den Menschen selbst als Maschine bezeichnet, deutet auf den deterministischen Charakter des Materialismus hin: Die Gleichsetzung von Leib und Seele läßt der Willensfreiheit keinen Raum. Dieser Nachteil, der wie gesagt auch bei Leibniz' dualistischer Position in Kauf genommen werden muß, bringt hier aber im Gegenzug einen Vorteil mit sich. Denn unter materialistischen Annahmen wird der Mensch als ganzer einer empirisch-wissenschaftlichen Untersuchung zugänglich. Es gibt keinen Aspekt des Menschlichen, keinen immateriellen Geist, der sich ihr grundsätzlich entzieht. Im frühen 20. Jahrhundert führte gerade diese Hoffnung auf eine durchgängige wissenschaftliche Erforschung des Menschen zum Aufkommen einer neuen psychologisch-philosophischen Doktrin, des Behaviorismus. Seinem Begründer, John B. Watson, ging es vorrangig darum, der Introspektion als wichtigster Forschungsmethode der damaligen Psychologie einen Riegel zu schieben. Introspektiv, d.h. durch Selbstbeobachtung des mentalen Innenlebens gewonnene Daten sind nämlich subjektiv und in umstrittenen Fällen folglich nicht verallgemeinerungsfähig: Wenn sich die Einsichten eines Forschers von einem anderen Wissenschaftler nicht reproduzieren lassen, kann jener diesem stets vorwerfen, über keine hinreichend geschulte Introspektion zu verfügen. In den Augen Watsons ist es dieser sogenannten strukturellen Psychologie im Gegensatz zur Physik oder Chemie deshalb auch nicht gelungen, sich als experimentelle Disziplin und mithin als anerkannte Naturwissenschaft zu etablieren.

Die strukturelle Psychologie, die vermittels Introspektion komplexe Bewußtseinsphänomene und geistige Vorgänge zu analysieren versucht, sollte Watson zufolge durch eine Wissenschaft mit objektiveren Methoden ersetzt werden – den Behaviorismus. Im Gegensatz zum Bewußtsein und dessen Zuständen ist das menschliche Verhalten intersubjektiv beobachtbar. Es bietet sich infolgedessen als Ausgangspunkt empirischer, auf wiederholbaren Experimenten beruhender Untersuchungen an. Die auf das Verhalten ausgerichtete Psychologie kommt ohne die Begriffe des Bewußtseins, des Geistes oder des mentalen Zustandes aus und arbeitet stattdessen mit Termini wie »Reiz«, »Reaktion« oder »Konditionierung«. Der Behaviorismus geht von der Feststellung aus, daß sich menschliche und tierische Organismen mit Hilfe teils angeborener, teils erlernter Verhaltensmuster an ihre Umgebung anzupassen versuchen. Seine Hauptaufgabe besteht dann darin, herauszufinden, welche Reize (Umgebungen) den Organismus zu welchen Reaktionen (Verhaltensmustern) veranlassen. Das Ziel behavioristischer Untersuchungen im Sinne Watsons ist also weniger die Erklärung als vielmehr die Voraussage menschlichen und tierischen Verhaltens.[18]

Mit dem Materialismus teilt der Behaviorismus nicht nur die empirische Ausrichtung, sondern auch die Radikalität bezüglich des Leib-Seele-Problems. Während jener die Existenz des Geistes leugnet, erklärt dieser die geistigen Zustände für irrelevant. Alles, was wissenschaftlich über den »psychischen« Aspekt des Menschen gesagt werden kann, läßt sich gemäß der behavioristischen Auffassung ja in Begriffen des Verhaltens ausdrücken. Die introspektive Analyse geistiger Phänomene und die Zuschreibung mentaler Zustände auf andere Personen, wie wir sie zur Erklärung alltäglicher Handlungen gerne verwenden, trägt nichts zu einem intersubjektiv verbindlichen Verständnis des Menschen bei. Die Frage, in welchem Verhältnis geistige Zustände zum Verhalten stehen, muß im Rahmen des Behaviorismus als unwissenschaftlich und somit auch als irrelevant gelten, weil sie sich mit Hilfe experimenteller Methoden gar nicht beantworten läßt.

Im Zuge des allgemeinen wissenschaftlichen Fortschritts schien der Begriff des Geistes seinen Stellenwert allmählich zu verlieren.

4. Geist und Maschine

Während Watson lediglich die Möglichkeit bestritten hatte, über das Innenleben von Organismen verbindliche Aussagen machen zu können, gingen seine Nachfolger einen Schritt weiter und setzten geistige Zustände wie das Haben von Schmerzen, das Verspüren von Furcht oder das Wahrnehmen eines Gegenstandes buchstäblich mit bestimmten Arten von Verhalten gleich. Sich vor etwas zu fürchten, ist ihrer radikaleren Auffassung gemäß also dasselbe wie sich unter gewissen Umständen so und so zu verhalten. Die Furcht wird mit anderen Worten hier nicht als Ursache des betreffenden Verhaltens aufgefaßt, sondern mit diesem selbst identifiziert.[19] Durch die damit erzielte vollständige Ausschaltung des intersubjektiv nicht beobachtbaren Innenlebens glaubte man, die Grundlagen für eine restlose wissenschaftliche Erforschung des Menschen und folglich für die Beseitigung sämtlicher philosophischer Leib-Seele-Spekulationen geschaffen zu haben.

Ironischerweise begann nach dem Zweiten Weltkrieg aber gerade der wissenschaftliche Fortschritt, den auf Wissenschaftlichkeit ausgelegten Behaviorismus zu unterhöhlen: Durch die breite Anwendung neuer Meßgeräte wie des in den zwanziger Jahren entwickelten Elektroenzephalographen und durch die Untersuchung chemischer Vorgänge im Nervensystem wuchsen die Kenntnisse der Neurologie schnell an und lenkten so das Interesse anderer Disziplinen auf das, was innerhalb der Organismen für deren wahrnehmbares Verhalten verantwortlich ist: das Gehirn. Der Behaviorismus hatte das Gehirn beziehungsweise den ganzen Organismus als »black box« betrachtet, deren innere Mechanismen beim damaligen Wissensstand zwar unbekannt bleiben mußten, die aber für die Erforschung der Reiz-Reaktions-Verbindungen ohnehin als unerheblich galten. Der bescheidene Erfolg, den der Behaviorismus bei der Voraussage von menschlichem und tierischem Verhalten selbst nach vier Jahrzehnten vorzuweisen vermochte, ließ jedoch keine andere Hoffnung mehr zu als die, mit Hilfe der Neurologie etwas über die Funktionsweise der »black box« und somit auch über das von ihr gesteuerte Verhalten erfahren zu können. So setzte sich die Wissenschaft über diejenigen methodischen Beschränkungen hinweg, die der Behaviorismus zur Förderung der Wissenschaftlichkeit aufgestellt hatte; und damit ging eine Wiederbelebung des Interesses am Begriff des Geistes einher.

Noch stärker als der Erkenntniszuwachs in der Neurologie wirkte sich die Entwicklung der Computer und der Kybernetik auf die Diskussion über das Leib-Seele-Problem aus. Die erfolgreiche Konstruktion des ersten programmierbaren (d.h. für unterschiedliche Zwecke verwendbaren) elektronischen Rechners im Jahre 1946 verdeutlichte, daß die technische Evolution eine Stufe erreicht hatte, auf der mit gewissem Recht von der maschinellen Nachbildung geistiger Fähigkeiten gesprochen werden konnte: Computer sind in der Lage, Rechnungen auszuführen und logische Schlüsse zu ziehen. Die Programmierung des ersten Rechners beruhte allerdings noch auf einer teilweisen Neuverdrahtung, fand also in einem gewissen Sinn auf der Ebene der Hardware statt. Aufgrund von Ideen des Mathematikers und Physikers Johann von Neumann gelang aber wenig später der Bau eines noch heute üblichen Computertyps, bei dem die Rechenanweisungen (das Programm) zusammen mit den Daten in einem einzigen Speicher untergebracht sind. Diese Konstruktionsart gestattet es, neben den Daten auch die Anweisungen selbst zu verarbeiten und so lern- beziehungsweise anpassungsfähige Maschinen zu schaffen. Und mit der elektronischen Revolution in der Robotertechnik nahm die Vergleichbarkeit menschlicher und maschineller Fähigkeiten noch weiter zu.

Zwar hatten bereits Descartes und La Mettrie den menschlichen Körper als Maschine aufgefaßt, doch brachte die Entwicklung auf dem Gebiet elektronischer Rechner einen qualitativ neuen Aspekt ins Spiel: Unabhängig davon, ob der Mensch im Sinne des Dualismus mit besonderen geistigen Fähigkeiten ausgestattet ist oder nicht, lag nun der Gedanke nahe, Mensch und Maschine als gleichartig zu betrachten. Das braucht aber wie gesagt nicht zu heißen, daß Menschen, wie La Mettrie behauptet hatte, *bloß* Maschinen sind, sondern kann umgekehrt auch bedeuten, daß Maschinen zu geistigen und insofern »spezifisch menschlichen« Leistungen fähig sind. In der Philosophie und Psychologie stieß jener Gedanke auf großes Interesse, weil sich die Funktionsweise von Computern vollständig beschreiben läßt. Vom Vergleich von Mensch und Maschine wird erwartet, daß das Wissen von den Arbeitsabläufen in elektronischen Rechnern neue Aufschlüsse über das menschliche Denken liefern wird.

5. Der Begriff der Turing-Maschine

In einer Reihe von sieben Aufsätzen (PP2 325-451) hat Hilary Putnam in den sechziger Jahren die neuen Erkenntnisse auf dem Gebiet der Kybernetik als erster Philosoph systematisch auszuwerten versucht. Die Aufsätze begründeten eine neue Theorie über das Verhältnis von Körper und Seele, den sogenannten Funktionalismus. Der Funktionalismus gewann in der Folge zahlreiche Anhänger und gilt mittlerweise als Standardtheorie des Geistes.[20] Interessanterweise wird der Funktionalismus heute aber von Putnam selbst nicht mehr vertreten. (Siehe unten, § 44) In den sechziger Jahren stand für ihn jedoch nicht so sehr die Etablierung einer neuen Theorie im Vordergrund, sondern die Kritik an den überlieferten Lösungen des Leib-Seele-Problems. Und es war gerade die im Zuge der Computerentwicklung neu entstandene Terminologie, die ihm die dafür erforderlichen Mittel an die Hand gab.

Die Funktionsweise von Computern läßt sich – von den Geschehnissen auf der physikalischen Ebene wie etwa dem Verhalten von Elektronen in elektrischen Leitern einmal abgesehen – mit dem Begriff der Turing-Maschine exakt und vollständig beschreiben. Der englische Logiker und Mathematiker Alan Turing hatte 1937 einen bahnbrechenden Aufsatz zum sogenannten Entscheidungsproblem veröffentlicht. Darin ging er von der Annahme aus, daß sich die Entscheidbarkeit mathematischer Fragen beziehungsweise die

Algorithmisierbarkeit mathematischer Problemlösungsstrategien mit Hilfe eines wohlbestimmten – später nach ihm benannten – Maschinenbegriffs definieren läßt. Unabhängig von Turings mathematischer Fragestellung war die Einführung dieses Begriffs für die Kybernetik deshalb von großer Bedeutung, weil alle Computer Turing-Maschinen sind. Der Begriff der Turing-Maschine kann zu einer einheitlichen Charakterisierung sämtlicher Computer dienen.[21]

Eine Turing-Maschine ist ein Automat, der sich in unterschiedlichen inneren Zuständen befinden kann und der erstens aus einer Einrichtung zum Lesen beziehungsweise Schreiben von Symbolen (zum Beispiel Buchstaben oder Ziffern) sowie zweitens aus einer sogenannten Maschinentafel besteht. Die Maschinentafel enthält in tabellarischer Form für jeden möglichen inneren Zustand und jedes vom Automaten verarbeitbare Symbol genau eine Anweisung. Die Arbeit der Maschine besteht dann im allgemeinen darin, aus einer Eingabe, also einer Reihe von Symbolen, eine Ausgabe, also eine andere Reihe von Symbolen, zu erzeugen. Im einzelnen geschieht das wie folgt: Der Automat befindet sich im Anfangszustand A und liest das erste Symbol der Eingabe ein, zum Beispiel die Ziffer »8«. Anschließend führt er diejenige Anweisung aus, die sich in der Maschinentafel in der Spalte für den Zustand A und auf der Zeile für das Symbol »8« befindet. Die Anweisung wird ihrerseits dreiteilig sein und beispielsweise folgendermaßen lauten: Ersetze das soeben eingelesene Symbol durch das Symbol »3«, gehe in den Zustand D über und lies das nächste Symbol der Reihe ein! Wenn man annimmt, es handle sich bei diesem nächsten Symbol um die Ziffer »0«, dann wird die Maschine im zweiten Arbeitsschritt diejenige Anweisung ausführen, die sich in der Maschinentafel in der Spalte für den Zustand D und auf der Zeile für das Symbol »0« befindet, und so weiter. Die Lese-Schreibe-Einrichtung ist im übrigen nicht an eine bestimmte Richtung gebunden, sondern kann anstatt des nächsten auch das vorangehende, bereits einmal behandelte Symbol verarbeiten. Die beispielsweise auf einem Papier- oder Magnetstreifen angebrachte Symbolreihe dient den Turing-Maschinen folglich nicht nur als Ein- und Ausgabe, sondern auch als Zwischenspeicher.

Ein derart einfach aufgebauter Automat ist im Prinzip in der Lage, alle auch noch so komplizierten Berechnungen und Datenverarbeitungen auszuführen. Je nach der Aufgabe, die es im Einzelfall zu lösen gilt, wird dazu unter Umständen aber eine sehr umfangreiche Maschinentafel erforderlich sein. Bei der Maschinentafel handelt es sich im übrigen um das, was heute als »Programm« bezeichnet wird. Dabei ist es unerheblich, wie die Maschinentafel und die Einrichtung zum Lesen beziehungsweise Schreiben von Symbolen materiell verwirklicht sind. So läßt sich etwa eine Rechenmaschine für arithmetische Grundoperationen sowohl aus mechanischen (Zahnrädern) als auch aus elektronischen Komponenten (Vakuumröhren oder Transistoren) konstruieren.[22] Wenn das mechanische und das elektronische Gerät beim Addieren die gleichen Einzelschritte vollziehen, verkörpern offensichtlich bei Automaten dieselbe Maschinentafel. Sie sind zwei materiell unterschiedlich realisierte Exemplare derselben Turing-Maschine. Was eine Maschine im Sinne Turings ausmacht, ist also das Programm. Die Frage, ob die einzelnen Anweisungen mit Hilfe von Zahnradbewegungen oder von elektrischem Strom ausgeführt werden, bleibt für die Beschreibung ihrer Funktionsweise demgegenüber irrelevant.

Daraus läßt sich unschwer erkennen, daß im konkreten Fall bei einem Automaten zwischen zwei Typen von Zuständen unterschieden werden muß. Einerseits weist das Gerät logische beziehungsweise funktionale Zustände auf. Diese sind in der Maschinentafel aufgeführt, welche ihrerseits mit Hilfe deterministischer Regeln (der Anweisungen) festlegt, wie die logischen Zustände zueinander in Beziehung stehen. Andererseits befindet sich eine konkrete Maschine stets auch in einem physikalischen – Putnam

(PP2 371) sagt »strukturellen« – Zustand. Falls sie, wie die frühen Elektronenrechner, aus Vakuumröhren besteht, kann beispielsweise der Fall eintreten, daß einer dieser Bausteine versagt. Dann befindet sich die Maschine in einem anderen physikalischen Zustand als zuvor. Deswegen nimmt sie jedoch nicht zwangsläufig auch einen anderen logischen Zustand ein. Vielleicht wurde sie nämlich in redundanter Weise konstruiert, so daß von den paarweise angebrachten Vakuumröhren nur eine zu funktionieren braucht, um einen einwandfreien Arbeitsablauf zu gewährleisten. Die Maschinentafel liefert mit anderen Worten eine relationale Beschreibung der logischen Zustände, ohne die materiellen Begebenheiten in irgendeiner Form berücksichtigen zu müssen.

6. Wozu kybernetische Begriffe?

Die Unterscheidung zwischen logischen und physikalischen Zuständen eines Automaten legt nahe, daß es in der Psychologie des Menschen ebenfalls zwei grundsätzlich verschiedene Arten von Beschreibungen geben könnte: zum einen den reduktionistischen Versuch, eine vollständige Erklärung des menschlichen Verhaltens auf physikalisch-chemischer Ebene zu liefern – diesem entspräche in der Kybernetik sozusagen der Standpunkt des Ingenieurs –; zum anderen eine abstraktere Theorie, die die gegenseitige Abhängigkeit geistiger Zustände sowie deren Zusammenspiel mit menschlichen Erfahrungen und Handlungen (in Turings Sprache: Eingaben und Ausgaben) zu ergründen trachtet. Letztere käme dem Versuch gleich, ein Analogon zur Maschinentafel zu erstellen, und entspricht, wie Putnam festhält, im Grunde genommen den Bemühungen der klassischen Psychologie. (PP2 372 f.) Dient die kybernetische Terminologie also schließlich nur dazu, der klassischen Psychologie zu einem neuen, erfolgversprechenderen Begriffssystem zur Beschreibung mentaler Vorgänge zu verhelfen?

Die Frage muß laut Putnam verneint werden, weil die klassische Psychologie als wissenschaftliches Unterfangen scheiterte – und zwar nicht aus methodologischen Gründen, also nicht deshalb, weil sie ein unangemessenes Vokabular verwandte oder bei der Erforschung geistiger Zusammenhänge falsch vorging. Sie scheiterte vielmehr aus dem empirischen Grund, daß die Erfahrungen und geistigen Zustände des Menschen kein kausal abgeschlossenes System bilden,[23] wie das bei den Eingaben und logischen Zuständen von Turing-Maschinen der Fall ist. (PP2 373) Diese eher beiläufig gemachte Behauptung belegt nicht nur, daß Putnam die an einer anderen Stelle (PP2 364) bereits verworfene Gleichsetzung von Mensch und Maschine tatsächlich ablehnt, sondern deutet auch an, worin er den Unterschied zwischen beiden sieht: Bei Turing-Maschinen lassen sich die physikalische und die logische Ebene klar trennen, während die menschlichen Erfahrungen (die Sinneseindrücke) und die darauf aufbauenden geistigen Zustände offenbar von den besonderen Eigenarten des Körpers mitbestimmt weden. Zwar führt er nicht weiter aus, weshalb das so ist, doch dürfte hier die Tatsache eine Rolle spielen, daß die maschinellen Eingaben im Gegensatz zu den menschlichen Erfahrungen aus einem endlichen Repertoire von Symbolen bestehen. Als konventionell festgelegte Zeichen sind Symbole in einem gewissen Sinne willkürlich und austauschbar. Etwas Ähnliches läßt sich von den Sinneseindrücken indessen nicht behaupten. Das menschliche Denken hängt deshalb stärker von den konkreten, körperlich bedingten Ausprägungen der Sinneseindrücke ab als die logischen Zustände einer Maschine von der spezifischen Eigenart der verarbeiteten Symbole.

Daß die Erfahrungen und geistigen Zustände des Menschen kein kausal abgeschlossenes System bilden, schließt die Möglichkeit aus, mentale Phänomene unabhängig von körperlichen Sachverhalten zu erforschen. Die Termini des psychologischen Vokabulars, mit denen man die ersteren beschreibt, sind nicht ausschließlich wechselseitig, d.h. nicht ohne Bezug auf außerpsychologische Phänomene definierbar.[24] Weil die kybernetischen Begriffe wie diejenigen der Turing-Maschine und der Maschinentafel, die Putnam als erster in die Diskussion um das Leib-Seele-Problem eingebracht hat, in ihrer Anwendbarkeit aber gerade auf die kausal abgeschlossene logische Darstellungsebene beschränkt bleiben, reichen sie für eine vollständige Beschreibung geistiger Phänomene nicht aus. Dennoch hält Putnam die Analogie zwischen den logischen Zuständen einer Maschine und den geistigen Zuständen eines Menschen einerseits sowie den strukturellen Zuständen einer Maschine und den körperlichen Zuständen eines Menschen andererseits für aufschlußreich, tiefgreifend und erhellend. (PP2 373, 387, 390)

Der einfachste Weg, die damals neu zur Verfügung stehende kybernetische Terminologie in der Philosophie und Psychologie anzuwenden, wäre wohl gewesen, die folgenden Thesen aufzustellen: Der Mensch beziehungsweise das Gehirn ist eine Turing-Maschine, deren Maschinentafel als Geist aufgefaßt werden kann; die Sinnesorgane sind Einrichtungen zum Erfassen von Informationen (Eingaben), während die von den Muskeln verursachten Körperbewegungen die Rolle der Ausgaben spielen. Dann verhielte sich der Geist zum Körper wie das Programm einer Turing-Maschine zu deren materiellen Realisation. Obwohl Putnam verschiedentlich unterstellt worden ist, einen solchen Standpunkt vertreten zu haben,[25] finden sich in den relevanten Aufsätzen allenfalls gegenteilige Belegstellen. Dazu zählt neben der bereits erwähnten ausdrücklichen Zurückweisung der Gleichsetzung von Mensch und Maschine vor allem das eben aufgeführt Argument, daß es keine rein funktionalistische Beschreibung des Geistes geben könne. Ausschlaggebend ist in diesem Zusammenhang jedoch eine andere Passage: Ob der Mensch mit einer Turing-Maschine gleichgesetzt werden könne oder nicht, ist Putnam zufolge eine empirische Frage. (PP2 412) Die Philosophie hat folglich nicht die Kompetenz, sie durch Plausibilitätsüberlegungen oder gar durch ein apriorisches Postulat zu beantworten. Nur zukünftige wissenschaftliche Erkenntnisse werden hier zu einem Entscheid führen.

Worin liegt aber dann genau der Vorteil von Turings kybernetischen Begriffen für die Philosophie des Geistes? Putnams Antwort lautet: Die Fragen, die sich hinsichtlich des Verhältnisses von Körper und Geist stellen, tauchen auch bei Turing-Maschinen auf. (PP2 362, 384, 408) Das dürfte die wichtigste Behauptung sein, die er in seinen frühen Aufsätzen zum Leib-Seele-Problem aufstellt, begründet. Sie getattet es ihm, die klassischen Vorschläge zur Lösung des Leib-Seele-Problems am Beispiel der Turing-Maschinen zu überprüfen. Und da man die Funktionsweise eines Automaten im Gegensatz zu derjenigen eines Gehirns genau kennt, wird einem diese Überprüfung dank der kybernetischen Begriffe wesentlich leichterfallen. Wenn sich zeigen läßt, daß sowohl der klassische Materialismus als auch der Behaviorismus schon für Turing-Maschinen falsch sind, dann wird um so weniger Zweifel darüber bestehen, daß sie auch auf den Menschen nicht zutreffen. Es wurde ja nie behauptet, der Mensch vermöge *weniger* zu leisten als eine Turing-Maschine.

7. Analogien zweier Unterscheidungen

Inwiefern sich im wohldefinierten Rahmen der kybernetischen Begriffe klassische Fragestellungen der Geistesphilosophie erörtern lassen, zeigt Putnam anhand zweier Unterscheidungen. Die eine hängt mit dem sogenannten Phänomen der Privatheit zusammen: Weshalb mutet die Frage »Wie weiß ich, daß ich Schmerzen habe?« im Gegensatz zu »Wie weiß ich, daß Schmitt Schmerzen hat?« seltsam an?

Die andere betrifft die verschiedenen Zugangsarten, die wir zu unseren eigenen geistigen Zuständen einerseits und körperlichen Zuständen andererseits haben. Denn offensichtlich handelt es sich bei »Wie weiß Schmitt, daß er Schmerzen hat?« und »Wie weiß Schmitt, daß er leichtes Fieber hat?« um grundsätzlich andere Fragen. Putnam vermag beide hier zum Vorschein kommenden Unterscheidungen auf Turing-Maschinen zu übertragen und so zu zeigen, daß zwischen Mensch und Maschine relevante Analogien bestehen.

Angenommen, eine Turing-Maschine sei dazu programmiert worden, die folgende Aufgabe zu lösen: Wenn ihr irgendeine Ziffer, beispielsweise »3000«, eingegeben wird, hat sie zu berechnen, welche Ziffer sich an der dreitausendsten (oder wie die Zahl auch immer lautet) Kommastelle von π befindet, und diese auszudrucken. Nun ist es sinnvoll zu fragen, wie die Maschine die Ziffer der dreitausendsten Kommastelle ermittelt beziehungsweise wie sie feststellt, welche Ziffer an der dreitausendsten Stelle auftritt. Die Antwort besteht im wesentlichen in einer Beschreibung der Reihe von Zuständen, die die Maschine zur Berechnung des Resultats durchlaufen muß. Allerdings könnte jemand darüber hinaus auch wissen wollen, wie sie feststellt, daß sie sich in einem bestimmten Zustand befindet. Diese Frage ließe sich, wenn überhaupt, nur unter der Annahme beantworten, daß die Maschine immer die gleiche Reihe anderer Zustände durchliefe, bevor sie jenen Zustand einnimmt. (Die Antwort könnte dann in Anlehnung an die erste Frage vielleicht folgendermaßen lauten: Sie stellt fest, daß sie sich in jenem Zustand befindet, indem sie die betreffende Reihe anderer Zustände durchläuft). Das kann jedoch nicht der Fall sein, da die Annahme auch für diese anderen Zustände gelten und folglich zu einem unendlichen Regreß führen würde. (PP2 366 f.)

Das Beispiel läßt sich allerdings modifizieren, indem man einen Zustand (zum Beispiel A) herausgreift und annimmt, daß die Maschinentafel in der Spalte für den Zustand A stets auch die folgende Anweisung enthält: Ersetze das soeben eingelesene Symbol durch »Ich befinde mich im Zustand A«! (Der ganze Satz »Ich befinde mich im Zustand A« gilt hier als ein einziges Symbol; im Prinzip würde es aber ohnehin genügen, wenn die Maschine das soeben eingelesene Symbol durch den Buchstaben »A« ersetzte.) Zum Vergleich betrachte man eine Person, die bei Schmerzen stets »Au!« beziehungsweise »Ich habe Schmerzen!« sagt. Gibt es nun zwischen den beiden Behauptungen

a) Die Maschine stellt fest, daß sie sich im Zustand A befindet

und

b) Die Person weiß, daß sie Schmerzen hat

einen grundlegenden Unterschied? Offenbar nicht. Denn entweder wird man sowohl a) als auch b) ablehnen oder beiden Aussagen zustimmen. Ersteres wird dann der Fall sein, wenn es einem im vorliegenden Kontext unangebracht scheint, von »feststellen« beziehungsweise »wissen« zu sprechen. Schließlich entsprängen, so könnte argumentiert werden, die Äußerungen »Ich befinde mich im Zustand A« und »Ich habe Schmerzen« unmittelbar, d.h. ohne zusätzliche Berechnungen beziehungsweise Überlegungen, aus den Zuständen, auf die sie sich bezögen – weshalb hier auch nicht von »feststellen« oder »wissen« die Rede sein könne. Wer a) und b) akzeptiert, wird also mit den unangenehmen Fragen konfrontiert, *wie* die Maschine feststelle, daß sie sich im Zustand A befindet, und *wie* die Person wisse, daß sie Schmerzen hat. Beide lassen sich bestenfalls nur auf nichtssagende Weise beantworten – etwa durch: »Indem sie sich im Zustand A befindet« und »Weil sie Schmerzen hat«. (PP2 368-371)

Ob die Behauptungen a) und b) dennoch in irgendeiner Form gerechtfertigt werden können, bleibt aber ohne Belang. Putnam will mit dem Beispiel ja lediglich zeigen, daß a) und b) aus denselben Gründen entweder abgelehnt oder akzeptiert werden und einander insofern genau entsprechen. Etwas Vergleichbares gilt auch für die unterschiedlichen Zugangsarten zu geistigen und körperlichen Zuständen. Im Gegensatz zu »Wie weiß Schmitt, daß er Schmerzen hat?« ist die Frage »Wie weiß Schmitt, daß er Fieber hat?« völlig berechtigt. Auf Schmitts Äußerung »Ich habe Schmerzen« wird nämlich niemand erwidern: »Du irrst dich«, während sich im Falle von »Ich habe Fieber« sehr wohl herausstellen kann, daß Schmitt sich getäuscht hat. (PP2 370)

Nun kann man eine Turing-Maschine ohne weiteres mit »Sinnesorganen« – Sensoren – ausstatten. Die eingegangenen Signale werden in Symbole umgesetzt, die von der Maschine von Zeit zu Zeit eingelesen werden. (Streng genommen gehören die Sensoren also nicht zur Turing-Maschine selbst.) Wenn ein solcher Automat in der Lage ist, zumindest einige seiner strukturellen (physikalischen) Zustände zu überprüfen, so befindet er sich in einer dem Menschen vergleichbaren Situation. Lautet nämlich eine seiner Ausgaben: »Die Vakuumröhre 312 ist ausgefallen«, so ist es sehr wohl möglich, daß die Vakuumröhre 312 in Tat und Wahrheit einwandfrei funktioniert. (PP2 371 f.) Der Irrtum könnte beispielsweise auf eine fehlerhafte Umwandlung der Sensorinformationen in Symbole zurückzuführen sein. Anders verhält es sich aber im bereits erwähnten Fall, wo die Maschine »Ich befinde mich im Zustand A« ausgibt, wenn sie sich im Zustand A befindet. Hier ist ein Irrtum ebenso ausgeschlossen wie mit der menschlichen Äußerung »Ich habe Schmerzen«.

Die Vorstellung einer mit Sensoren ausgestatteten Turing-Maschine gestattet es auch, die Ausführungen zum sogenannten Phänomen der Privatheit zu vervollständigen: Angenommen, eine Turing-Maschine habe die Möglichkeit, mit ihren Sensoren einen zweiten Automaten zu »beobachten«. Dann wird die Frage, wie das erste Gerät feststellt, daß sich das zweite Gerät im Zustand A befindet, ebenso berechtigt sein wie die Frage: »Wie weiß ich, daß Schmitt Schmerzen hat?« Menschen haben einen unmittelbaren kognitiven Zugang zu ihren eigenen geistigen Zuständen – das ist das Phänomen der Privatheit –, müssen aber äußerliche und somit unzuverlässige Informationen zu Rate ziehen, wenn sie fremde geistige oder eigene körperliche Zustände beurteilen wollen.[26] Das gleiche trifft aber, wie die Beispiele belegen, auch auf das Verhältnis der Turing-Maschinen zu ihren logischen und strukturellen Zuständen zu.

8. Ist Materialismus möglich?

Der Materialismus setzt geistige Zustände mit körperlichen Zuständen gleich, indem er Behauptungen der Art »Schmerz ist mit der Stimulierung nicht-myelinisierter Nervenfibern identisch« aufstellt.[27] Namentlich von Ordinary-language-Philosophen wie Max Black[28] wurde eingewendet, daß solche Identitätsaussagen unsinnig seien, weil es sich bei den Ausdrücken »Schmerz« und »stimulierte nicht-myelinisierte Nervenfibern« nicht um Synonyme handelt. Jener gehört zu unserer Alltagssprache, während dieser einer wissenschaftlichen Theorie (der Neurologie) entstammt und einem Laien unverständlich ist. Eine Person kann dementsprechend sehr wohl wissen, daß sie Schmerzen hat, ohne zu wissen, daß ihre nicht-myelinisierten Nervenfibern angeregt sind, ja ohne irgendwelche Kenntnisse über das Nervensystem zu besitzen. »Schmerz« und »stimulierte nicht-myelinisierten Nervenfibern« haben vollkommen andere Bedeutungen und können laut Black deshalb auch nicht gleichgesetzt werden, ohne gegen semantische Konventionen der Sprache zu verstoßen und begriffliche Widersprüche zu erzeugen. (PP2 376 f., 429-431)

Dagegen hat Putnam mehrere Argumente vorgebracht. Das wichtigste beruht auf Gegenbeispielen aus anderen Wissenschaftszweigen. So finden sich in der Physik und in der

Chemie zahlreiche theoretische Gleichsetzungen beziehungsweise empirische Reduktionen der Art: Wasser ist H_2O; Licht ist elektromagnetische Strahlung (einer bestimmten Wellenlänge); Temperatur ist mittlere kinetische Energie der Moleküle. (PP2 379, 431) Selbstverständlich können auch in diesen Fällen Ausdrücke wie »Wasser« und »H_2O« nicht als synonym gelten. Schließlich kann jemand das Wort »Wasser« richtig verwenden, ohne auch nur das geringste von Chemie zu verstehen. Das läßt uns jedoch nicht an der Richtigkeit der Gleichsetzung zweifeln. Weshalb sollte also Schmerz nicht dasselbe sein wie die Stimulierung nicht-myelinisierter Nervenfibern?

Tatsächlich besteht zwischen der Situation in der Chemie und Physik einerseits und der Situation in der Neurologie andererseits ein gewisser Unterschied. Im Rahmen der Thermodynamik hat eine Gleichsetzung wie »Die Temperatur ist die mittlere kinetische Energie der Moleküle« nämlich nicht den Status einer isolierten Hypothese, sondern reiht sich nahtlos in ein systematisches Netz von Defintionen, Hypothesen und Gesetzen ein. Dementsprechend vermag sie auch zur Erklärung unterschiedlichster Phänomene und Zusammenhänge beizutragen wie etwa der Verdunstungsabkühlung oder der Abhängigkeit zwischen Druck und Temperatur von eingeschlossenen Gasen. Bis heute sind die Neurologen jedoch nicht in der Lage, eine systematische Theorie des menschlichen Nervensystems vorzulegen, die es gestatten würde, einen ganzen Bereich psychologischer Phänomene wie Schmerz, Ärger und so weiter neurologisch einheitlich zu beschreiben und zu erklären. In dem Sinn handelt es sich bei Behauptungen wie »Man befindet sich genau dann im Geiteszustand X, wenn man sich im Gehirnzustand Y befindet« vorerst nur um bloße Korrelierungen, die keinen systematischen Platz in einer Theorie einnehmen und sich später deshalb sehr wohl als falsch erweisen könnten. Anders würde es sich indessen verhalten, wenn die Neurologen über eine ausgearbeitete Theorie des Gehirns verfügten, welche präzise Voraussagen über verschiedenste neuronale und psychische Vorgänge zuließe. Dann könnte sogar der umgekehrte Fall eintreten, daß die Neurologen behaupten würden, es sei unmöglich, im Geisteszustand X zu sein, ohne sich im Gehirnzustand Y zu befinden.[29] (PP2 375) Ob eine empirische Reduktion (und mithin der Materialismus) akzeptiert wird oder nicht, hängt also sehr davon ab, was die betreffende Theorie sonst noch zu leisten vermag. (PP2 379) Je systematischer und je allgemeiner eine Theorie ist, desto schwieriger wird es sein, eine einzelne empirische Reduktion zu widerlegen.

Daß bis heute noch keine ausgearbeitete neurologische Theorie existiert, macht aber beispielsweise »Schmerz ist mit der Stimulierung nicht-myelinisierter Nervenfibern identisch« nicht zu einer unsinnigen Behauptung. Sie könnte sich vielleicht sogar als fruchtbare Hypothese erweisen, die neue Erkenntnisse über die Funktionsweise des Nervensystems möglich macht oder zur Systematisierung einer zukünftigen Theorie beiträgt. Im Moment mögen zwar Zweifel an ihrer Richtigkeit bestehen, der wissenschaftliche Fortschritt könnte diese später jedoch ausräumen. Folglich verstricken wir uns in keinen begrifflichen Widerspruch, wenn wir Körper- und Geisteszustände im Falle von Menschen beziehungsweise strukturelle und funktionale Zustände im Falle von Maschinen gleichsetzen. Der Materialismus ist also möglich. Das stellt für Putnam aber keinen hinreichenden Grund dar, dem klassischen Materialismus – im Sinne Hobbes' oder La Mettries (§ 3) – zuzustimmen. Im Gegenteil: Die Analogie zu Turing-Maschinen wird die Unhaltbarkeit dieser Position vielmehr klar vor Augen führen. (§ 9)

Es mutet allerdings etwas seltsam an, daß Putnam die materialistischen Befürworter einer Gleichsetzung von Geist und Materie zuerst gegen den begrifflichen Einwand Blacks verteidigt, um sie dann anschließend selbst zu kritisieren. Der Grund liegt darin, daß er den Funktionalismus ursprünglich in der Absicht entwickelt hatte, den klassischen

Materialismus als reduktionistische Haltung in Schutz zu nehmen.[30] Erst die Überlegungen, die ihn zu einer genaueren Ausarbeitung des Funktionalismus führten, überzeugten ihn dann von der Falschheit reduktionistischer Annahmen. (PP2 xiii)

9. Argumente gegen den Materialismus

Erstens offenbart das bereits erwähnte Phänomen der Privatheit (§ 7) einen wichtigen Zug psychologischer Ausdrücke. Es kann sich bei »Schmerz« oder »Ärger« nicht um sogenannte theoretische Termini handeln, also nicht um Ausdrücke, deren Bedeutung durch eine (wissenschaftliche) Theorie festgelegt wird. Ansonsten wäre nämlich die Aussage »Ich bin verärgert« eine *Hyothese*, also eine im Rahmen einer Theorie aufgestellte Behauptung, die durch empirische Beobachtungen bestätigt oder widerlegt werden muß. (PP2 392, 399, 401) Wenn eine Person indessen sagt, sie habe Schmerzen, so kann man ihr vielleicht unterstellen zu lügen, aber nicht sinnvollerweise behaupten, sie *irre* sich. Da Äußerungen wie »Ich bin verärgert« oder »Ich habe Schmerzen« also nicht widerlegt werden können, haben psychologische Ausdrücke keinen theoretischen Charakter. Es handelt sich vielmehr um sogenannte Beobachtungstermini, deren korrekte Verwendung von keinerlei Theorie abhängt, sondern zur spontanen Beschreibung des subjektiv unmittelbar Gegebenen dient. Psychologische Ausdrücke haben mit anderen Worten eine rapportierende Verwendung (»reporting use«).[31]

Hier zeigt sich ein wichtiger Unterschied zu den erwähnten empirischen Reduktionen wie »Wasser ist H_2O«: Weder der alltägliche Terminus »Wasser« noch der wissenschaftliche Ausdruck »H_2O« dienen der Beschreibung des in der Erfahrung direkt Gegebenen. Es besteht deshalb die Möglichkeit, sie falsch anzuwenden – beispielsweise angesichts einer durchsichtigen, geruchlosen Flüssigkeit, die kein Wasser ist. Wer auf den Inhalt eines Glases zeigt und behauptet: »Das ist Wasser«, kann sich also sehr wohl irren. Hinsichtlich einer solchen Irrtumsmöglichkeit liegen »Wasser« und »H_2O« also auf derselben Ebene, im Falle von »Schmerz« und »stimulierte nicht – myelinisierte Nervenfibern« ist dies anders: Es wäre absurd zu behaupten: »Ich vermute, daß ich stechende Schmerzen habe, aber ich bin mir nicht sicher«. Umgekehrt können aber sehr wohl Zweifel darüber bestehen, ob bei einem gerade untersuchten Nervensystem die nicht-myelinisierten Nervenfibern angeregt sind oder ob es sich bei den stimulierten Zellen wirklich um nicht-myelinisierte handelt. Aus methodologischen Gründen haftet der materialistischen Gleichsetzung somit der Mangel asymmetrischer Falsifikationsbedingungen an. Es ist zwar falsch, der Identifikation von Geist und Materie begriffliche Widersprüche anzulasten, die semantische Unterscheidung zwischen Beobachtungstermini und theoretischen Termini entlarvt sie aber als *dem Sprachgebrauch nicht angemessen.*

Zweitens hat der Materialismus mit der Schwierigkeit zu kämpfen, daß wir Ausdrücke für psychologische Zustände wie Schmerz, Hunger oder Aggression zu Recht nicht nur auf Menschen, sondern auch auf andere Lebewesen beziehen. Wenn solche Zustände nun mit bestimmten Gehirnzuständen identifiziert werden sollen, müßte gezeigt werden, daß letztere auch bei Tintenfischen – um nur ein Beispiel zu nennen – auftreten. Ansonsten könnte ja nicht davon die Rede sein, daß derartige Tiere Schmerz oder Hunger verspüren. Da sich das Gehirn von Tintenfischen aber sehr vom menschlichen unterscheidet, dürfte ein solcher Nachweis kaum zu erbringen sein.[32] (PP2 436 f., 451) Empirisch wesentlich wahrscheinlicher ist, daß zwei Wesen sich in ähnlichen psychologischen Zuständen befinden können, obwohl sie einen sehr unterschiedlichen Körperbau haben.

Dieses zweite Argument gegen die materialistische Gleichsetzung von Geistes- und Körperzuständen deutet zugleich an, was jene tatsächlich sein könnten – nämlich funktionale (logische) Zustände des betreffenden Organismus. Denn die Diskussion über die Turing-Maschinen (§ 5) hat gezeigt, daß dieselbe Turing-Maschine und damit natürlich auch jeder einzelne ihrer logischen Zustände materiell sehr unterschiedlich realisiert sein kann. Und das scheinen die funktionalen Zustände mit Phänomenen wie Schmerz oder Aggression gemeinsam zu haben. In der Tat wählt Putnam diesen Ansatz: Für ihn sind psychologische Zustände funktional, nicht materiell. Damit gewinnt er also ein positives Resultat aus der Turing-Maschinen-Analogie. Eine Gleichsetzung von Turing-Maschinen einerseits und Menschen oder anderen Lebewesen andererseits setzt er dabei aber nicht voraus. Seine Überlegung läuft vielmehr auf folgendes hinaus: Wenn selbst bei Turing-Maschinen zwischen einer materiellen und einer funktionalen Ebene differenziert werden kann, dann läßt sich diese Unterscheidung auch auf höhere Lebewesen anwenden.

Das zweite Argument gegen den Materialismus ergibt sich wie gesagt aus der fehlenden Plausibilität der Annahme, in der zoologischen Vielfalt der Lebenwesen seien alle Schmerz- oder Hungerzustände physisch gleich realisiert – etwa als ganz bestimmter Gehirnzustand. Wenn der Schritt zu einer funktionalistischen Auffassung psychologischer Zustände einmal vollzogen ist, drängt sich natürlich eine Umkehrung des Argumentes auf: Falls sich ein funktionaler Zustand einer Turing-Maschine (oder eine ganze Gruppe derartiger Zustände) als »psychologischer« Zustand derselben deuten läßt, dann ist der Materialismus selbst für Turing-Maschinen falsch. Denn bekanntlich kann ein und derselbe funktionale Zustand materiell auf verschiedenste Arten realisiert sein. In gewisser Weise liefert also die funktionalistische Unterscheidung zwischen verschiedenen Zustandstypen für sich genommen bereits ein Argument gegen den Materialismus. (PP2 414 f.; MFR 14; RR xii) Um die »psychologische Relevanz« funktionaler Maschinenzustände sichtbar zu machen, ergänzt Putnam die zur Diskussion stehenden Turing-Maschinen durch ein weiteres Element: Neben Sensoren, mit deren Hilfe sie Informationen aus ihrer Umgebung gewinnen können (§ 7), sollen sie auch über passende Bewegungsvorrichtungen verfügen, die von den symbolischen Ausgaben gesteuert werden. Bei einem solchen Gerät handelt es sich also um einen Roboter.

Wir können uns ohne weiteres vorstellen, daß das Verhalten eines derartigen Roboters durch Präferenzen bestimmt wird. Diese sind wiederum durch eventuell recht komplizierte Funktionen, letztlich durch die Maschinentafel determiniert: Wenn der Roboter durch die Sinnesorgane Eingaben erhält, die seinen Präferenzen nicht entsprechen, wird er seine Glieder so in Bewegung setzen, daß die künftigen Eingaben mit seinen Präferenzen besser übereinstimmen. So könnte die Maschine beispielsweise darum bemüht sein, grelles Licht zu vermeiden, also im Falle einer starken Sonneneinstrahlung einen schattigen Standort aufzusuchen. Die Präferenzen steuern das Verhalten. Da, wie Putnam andeutet, in der von Johann von Neumann und Oskar Morgenstern begründeten Spieltheorie Präferenzen die entscheidende Rolle spielen, können wir einen solchen Roboter mit gewissem Recht als rational Handelnden bezeichnen. Wenn die Präferenzen einer Maschine denjenigen eines Menschen ähneln und ihre Rechenfähigkeiten den seinen entsprechen, wird sich das maschinelle Verhalten kaum vom menschlichen unterscheiden. In dieser Form stellt das Maschinenmodell natürlich eine grobe Vereinfachung dar, aber grundsätzlich ließen sich darin auch menschliche Abweichungen vom spieltheoretischen Rationalitätsstandard integrieren. So ist beispielsweise nicht anzunehmen, daß alle menschlichen Präferenzen dem Transitivitätsgesetz gehorchen – es dürfte relativ häufig vorkommen, daß ein Mensch, der den Zustand A dem Zustand B vorzieht und B gegenüber C präferiert, dennoch C im Vergleich zu A den Vorzug gibt. Entsprechende Anpassungen könnten im Maschinenmodell aber vorgenommen werden. (PP2 409 f., 413)

Wenn der Materialismus im allgemeinen richtig ist, so müßte er insbesondere auch auf Roboter zutreffen, welche sich im Sinne der Spieltheorie rational verhalten und denen so komplexe Prädikate wie »T zieht A gegenüber B vor« zugeschrieben werden können. Nun läßt sich laut Putnam aber weder von der Tatsache, daß eine Turing-Maschine T den Zustand A gegenüber B vorzieht, auf ihre materielle Beschaffenheit noch von ihrer materiellen Beschaffenheit auf ihre Präferenzen schließen. Der Schluß von einer Präferenz auf den physikalischen oder chemischen Aufbau des Gerätes scheitert aus dem bekannten Grund, daß dieselbe Turing-Maschine materiell unterschiedlich realisiert sein kann. Doch auch in umgekehrter Richtung ist der Zusammenhang zwischen den physischen und den »psychologischen« Aspekten des Roboters zu lose, um die letzteren aus den ersteren deduzieren zu können. Putnam räumt zwar ein, daß wir in einfacheren Fällen vom materiellen Aufbau eines Gerätes auf dessen Funktionsweise und dementsprechend auch auf die Maschinentafel sowie auf jeweilige Präferenzen zu schließen vermögen, hält die im allgemeinen damit verbundenen Schwierigkeiten aber für unüberwindbar: Um die Funktionsweise einer komplizierten Maschine herauszufinden, müßten wir nämlich nicht nur über eine Beschreibung ihres materiellen Aufbaus, sondern auch über diejenigen Naturgesetze verfügen, die die kausalen Abhängigkeiten zwischen ihren materiellen Teilen und mithin deren dynamisches Verhalten bestimmen. Von vornherein festzustellen, welche Naturgesetze in diesem Zusammenhang relevant sind, entzieht sich aber unseren Fähigkeiten. Und selbst wenn wir sämtliche Naturgesetze kennten, müßten wir überdies noch wissen, ob unsere Beschreibung der materiellen Zusammensetzung der Maschine vollständig ist. Ansonsten könnten uns einige ihrer materiellen Aspekte entgangen sein, die für ihre Funktionsweise eine Rolle spielen. Weil jedoch das Kriterium für die Vollständigkeit oder Unvollständigkeit einer Beschreibung ein empirisches ist, bleibt es uns verwehrt, mit rein logischen Mitteln von der physischen Zusammensetzung eines Roboters auf dessen Funktionsweise (Maschinentafel, Präferenzen) zu schließen. (PP2 415 f.)

10. Ziffs Einwand

Putnams zweiter Argumentationsteil, wonach aus der materiellen Beschaffenheit einer Maschine nicht auf ihre funktionale Organisation gefolgert werden kann, überzeugt insofern wenig, als Maschinen Artefakte sind und wir zu ihrer Konstruktion nur auf bekannte Mechanismen zurückgreifen: Wir setzen Roboter und andere Geräte schließlich nicht aus Teilen zusammen, über deren Wechselspiel wir kein hinreichendes Wissen besitzen. Sonst vermöchten wir auch gar nicht zu sagen, *was für eine Maschine* wir da eigentlich konstruieren. In diesem Sinne besitzen wir sowohl eine vollständige Beschreibung ihres materiellen Aufbaus als auch die erforderlichen Kenntnisse über die zur Anwendung kommenden Naturgesetze. Aber in bezug auf Systeme, die wir nicht selber konstruiert haben, stellen sich die von Putnam genannten Schwierigkeiten tatsächlich ein. Die materialistische Gleichsetzung von physikalischen und funktionalen Zuständen ist also in beiden Richtungen unhaltbar.

Nun hat Paul Ziff aber einen grundsätzlichen Einwand gegen die von zahlreichen Philosophen gemachte Analogie zwischen Mensch und Maschine erhoben. Es geht ihm dabei allerdings nicht darum, den Materialismus zu retten, sondern um die Triftigkeit der in der Diskussion verwendeten Argumente. Ziffs Einwand ist denkbar einfach. Wenn wir von Robotern oder Maschinen sprechen, so setzen wir damit zwangsläufig voraus, daß sie keine lebenden Organismen, sondern bloße Mechanismen oder Automa-

ten sind. Und Automaten können wir nicht sinnvollerweise psychologische Zustände wie Müdigkeit – dies ist allerdings kein glückliches Beispiel – zuschreiben, da per definitionem nur lebende Wesen müde sein können. Selbst
wenn Roboter Menschen hinsichtlich ihres Aussehens und
ihres Verhaltens zum Verwechseln ähnlich wären, argumentiert Ziff, bliebe dieser grundlegende Unterschied bestehen. Zwar würde dann vielleicht der Fall eintreten, daß
wir aus Unkenntnis von einem Roboter (den wir irrtümlicherweise für einen Menschen halten) behaupten, er sei
müde. Sobald wir aber diesen Irrtum bemerkten, würden
wir unsere Behauptung unweigerlich zurücknehmen. Das
bedeutet, daß wir unsere Urteile nicht nur aufgrund unserer Beobachtungen fällen, sondern auch aufgrund unserer
Kenntnisse (unseres »Hintergrundwissens«) über den betreffenden Gegenstand.

Letzteres zeigt sich nach Ziff auch im täglichen Umgang
mit Menschen: Angenommen, jemand nimmt einen Freund
zu einem Besuch mit, und nur er weiß, daß der Besuchte ein
Schauspieler ist und im Augenblick gerade die Rolle eines
grämlichen Kauzes übt. Sein Freund fragt ihn, weshalb ihr
Gastgeber so elend dran sei. Und wenn nun der Eindruck,
den er hatte, korrigiert wird, dann wird das natürlich nicht
mit einem Hinweis auf sein Verhalten geschehen, sondern
im Rückgriff auf ein Vorwissen und die Hintergrundinfor-
mationen. Dementsprechend läßt auch das Verhalten von
menschenähnlichen Maschinen keinerlei Rückschlüsse auf
psychologische Zustände zu. Denn die Verhaltensweise eines Roboters hänge nur davon ab, wie wir ihn programmiert
haben, und wir können ihn so programmieren, daß er jedes
gewünschte Verhalten simuliert. Ein Roboter *handelt* ebensowenig, wie ein Plattenspieler Musik *spielt*.[33] Roboter sind
nach Ziff Artefakte und leblose Automaten. Und da diese
keine psychologischen Zustände aufweisen, beruhen sämtliche Argumente, die sich der Analogie zwischen Mensch und
Maschine bedienen, auf einer falschen Annahme.

In einer schon kurz darauf erschienenen Antwort auf Ziffs Einwand formulierte Jack Smart zwei Gegenargumente, die später von Putnam aufgegriffen worden sind: Erstens ist die Unterscheidung zwischen einem lebenden Wesen und einem roboterartigen Artefakt weit weniger klar, als Ziff annimmt. Denn wenn man zum einen die biblische Schöpfungsgeschichte wörtlich nimmt, erweisen sich auch die Menschen – oder zumindest Adam und Eva – als Artefakte; der heutigen Biologie zufolge ließe sich von den Menschen sogar behaupten, sie seien programmiert (nämlich durch ihr DNS). Zum anderen hat von Neumann auf die Möglichkeit hingewiesen, sich selbst reproduzierende Mechanismen zu schaffen. Inwiefern wären also die Abkömmlinge solcher Mechanismen weniger lebendig beziehungsweise künstlicher als die Nachkommen der ersten Menschen? Laut Smart mißachtet Ziff mit seiner direkten Verknüpfung von Programm und Verhalten zweitens, daß auch lernfähige Maschinen beziehungsweise Roboter konstruiert werden können.[34] Deren Verhalten müßte dann nicht zwangsläufig als Simulation gelten.

Beide Gegenargumente formuliert Putnam dezidierter. Roboter, die nicht lernfähig sind, haben seines Erachtens – und das ist ein Zugeständnis an Ziff – den Nachteil, einem Menschen in psychologischer Hinsicht ziemlich unähnlich zu sein. (Er geht allerdings nicht so weit, ihnen psychologische Zustände gänzlich abzusprechen.[35]) Es dürfte im Falle von lernfähigen Maschinen aber ebenso schwierig sein wie bei Menschen, ihr Verhalten – auch wenn es durch das Programm und die von den Robotern gemachten Erfahrungen vollkommen determiniert sein sollte – in konkreten Situationen vorauszusagen.[36] Insofern kann auch nicht davon die Rede sein, daß sie nicht wirklich *handeln.* Folglich greift Ziffs Vergleich mit dem Plattenspieler, der nicht wirklich Musik spielt, hier eindeutig zu kurz. (PP2 364, Anm. ‡, 396)

Smarts erstes Gegenargument richtet sich gegen die von Ziff getroffene strikte Unterscheidung zwischen lebenden Organismen einerseits und technischen Artefakten andererseits. Putnam hält sie im Gegensatz zu Smart nicht nur für diskussionswürdig, sondern für prinzipiell ungerechtfertigt. Denn seiner Meinung nach ist es vollkommen zufällig, daß dem Menschen die Eigenschaften, ein Artefakt zu sein und deterministisch zu funktionieren, nicht auch zukommen. Er gibt zu bedenken, daß wir eines Tages entdecken könnten, Artefakte zu sein, deren Verhalten von unseren außerordentlich intelligenten außerirdischen Konstrukteuren überdies zuverlässig vorausgesagt zu werden vermag. Das würde uns aber sicher nicht dazu veranlassen, die Existenz psychologischer Zustände im Menschen zu leugnen. (PP2 397) Daß Roboter künstliche Geschöpfe sind, ist kein Grund, ihnen Gefühle oder Präferenzen abzusprechen.[37]

11. Argumente gegen den Behaviorismus

In der Philosophie des Geistes geht eines der wichtigsten Argumente für den Behaviorismus (§ 3) auf Wittgenstein zurück. Es besagt, daß wir (als Kinder) einen psychologischen Ausdruck wie »Schmerz« nur von anderen Menschen (den Erwachsenen) lernen können und daß sich dessen Gebrauch deshalb nach unserem Verhalten richtet. Denn die Erwachsenen können nur anhand des kindlichen Verhaltens feststellen, ob das Kind den Ausdruck »Schmerz« richtig verwendet oder nicht. Verhaltenskriterien legen also den Gebrauch und die Bedeutung psychologischer Termini fest.[38] (PP2 xii) Die Behavioristen haben daraus geschlossen, daß psychologische Zustände nichts anderes sind als Verhaltensmuster beziehungsweise eine Disposition, sich in einer bestimmten Weise zu verhalten. (PP2 445) Die Übereinstimmung mit dem Spracherwerb ist der vielleicht bedeutendste Vorteil der behavioristischen Position.

Wenn wir zum Beispiel überprüfen wollen, ob jemand

den Satz »Ich habe Schmerzen« richtig verwendet, stützen wir uns in der Tat auf dessen Verhalten. Verhaltenskriterien fließen also in der einen oder anderen Weise in die Bedeutung von »Schmerz« ein. Aus dieser sprachlichen Tatsache folgt indessen nicht, meint Putnam, daß der Schmerz (als Eigenschaft oder Zustand eines organischen beziehungsweise künstlichen Systems) mit einem Verhaltensmuster oder einer Verhaltensdisposition identisch ist, wie die folgende Analogie zeigt: Der richtige Gebrauch des Ausdrucks »warm« hat sehr wohl etwas damit zu tun, wie wir überprüfen, ob ein Gegenstand warm ist oder nicht. Das hindert uns aber nicht daran, Wärme als mittlere kinetische Molekularenergie aufzufassen. Die Art, wie wir überprüfen, ob ein Objekt eine bestimmte Eigenschaft hat, sagt nichts darüber aus, was diese Eigenschaft in Wirklichkeit ist. Dasselbe gilt natürlich auch für psychologische Termini. Wenn wir also annehmen, Schmerz sei ein gewisser funktionaler Zustand eines organischen oder künstlichen Systems, dann müssen wir diesen Zustand nicht unbedingt kennen, um zu beurteilen, ob jemand Schmerzen hat beziehungsweise das Wort »Schmerz« richtig verwendet – ebensowenig wie wir wissen müssen, daß es sich bei Wärme um die mittlere kinetische Molekularenergie handelt, um zu überprüfen, ob etwas warm ist. Von einer wissenschaftlichen Theorie der Wärme verlangen wir lediglich, daß sie die Entstehung unserer Wärmeempfindungen zu erklären vermag. (PP2 438) Putnam wirft dem Behaviorismus also vor, den Sprachgebrauch zu forcieren und die Ursachen (Schmerzen) eines komplexen Gesamtphänomens mit ihren Wirkungen (dem Verhalten) zu verwechseln. (PP2 330)

Darüber hinaus scheint der Behaviorismus einen fatalen Zirkel zu involvieren. Bekanntlich setzt er einen inneren Zustand wie Schmerz oder Freude mit einem bestimmten Verhaltensmuster oder einer Disposition gleich, sich auf bestimmte Art zu verhalten. Wie wird dieses Verhalten aber genauer spezifiziert? Beispielsweise gibt es unzählige und stark divergierende Verhaltensweisen, die wir als Ausdruck des Schmerzes auffassen. Um Schmerz als Verhaltensdisposition definieren zu können, müßte der Behaviorist also in der Lage sein, das jenen unterschiedlichen Verhaltensweisen jeweils gemeinsame Merkmal anzugeben. Offensichtlich ist das aber nur mit Formulierungen möglich wie »die Disposition von X, sich so zu verhalten, als ob X *Schmerzen* hätte«. Er kommt eben nicht darum herum, den Begriff des Schmerzes vorauszusetzen, um das allen Formen von »Schmerzverhalten« gemeinsame Kennzeichen überhaupt festlegen zu können. (PP2 438) Entweder ist seine Definition also zirkulär, oder er kann nicht sagen, auf *welche* Verhaltensformen er einen Zustand wie Schmerz eigentlich reduziert.

Neben diesen grundsätzlichen Bedenken lassen sich ohne weiteres auch konkrete Gegenbeispiele ausdenken, die die behavioristische Gleichsetzung von Verhalten und Geist widerlegen. Besonders einfach fällt dies unter Zuhilfenahme von Turing-Maschinen, wie Putnam anhand eines Gedankenexperimentes zeigt. Wir stellen uns zwei Roboter T_1 und T_2 vor, die sich lediglich in zwei Punkten voneinander unterscheiden: Das erste Gerät hat durchgeschnittene »Schmerzleitungen« und normale Präferenzen, während T_2 zwar intakte »Schmerzleitungen«, aber unübliche »Schmerzpräferenzen« besitzt. (Eine derartige Leitung fassen wir am besten als ein Kabel auf, das beispielsweise einen Wärmesensor mit dem Schreibkopf verbindet; wenn die vom Sensor gemessene Temperatur einen das Funktionieren des Roboters gefährdenden Wert überschreitet, fließt ein elektrischer Strom durch das Kabel, der den Schreibkopf dazu veranlaßt, das Band der Turing-Maschine mit einem bestimmten Symbol zu überschreiben; wenn eine mit normalen Präferenzfunktionen ausgestattete Turing-Maschine ein solches – mit negativen Präferenzen assoziiertes – »Schmerzsymbol« einliest, setzt sie ihre Glieder sofort in Bewegung, um die gemessene Temperatur so schnell wie möglich sinken zu lassen.) Nun legt T_1 unter denjenigen Umständen, die einen

Roboter mit intakten Schmerzleitungen und normalen Präferenzen zu einer »Schmerzreaktion« veranlassen würden, kein besonderes Verhalten an den Tag, da seine Schmerzleitungen durchschnitten sind und deshalb gar kein Alarmsignal (in Form eines bestimmten Symbols) hervorzurufen vermögen. Hingegen wird T_2 unter diesen Umständen sehr wohl die Veränderungen registrieren, die sein Funktionieren gefährden könnten. Die Präferenzen von T_2 sind aber – so will es das Gedankenexperiment – so angelegt, daß das Gerät eine »Schmerzreaktion« unterdrückt. Obschon sich T_1 und T_2 durch das gleiche Verhalten auszeichnen, haben sie teilweise divergierende Präferenzen (Maschinentafeln) und mithin auch unterschiedliche funktionale (psychologische) Zustände. Folglich erweist sich selbst am vergleichsweise einfachen Beispiel der Roboter die behavioristische Reduktion der psychischen Zustände auf das Verhalten als unakzeptabel.[39] (PP2 420 f.)

12. Die Grenzen des Funktionalismus

Die Unterscheidung zwischen physischen (strukturellen) und funktionalen (logischen) Zuständen von Turing-Maschinen legt die Unzulänglichkeit zweier sehr einflußreicher Positionen in der Philosophie des Geistes offen, die des Materialismus und die des Behaviorismus. Sie legt ferner nahe, daß es sich bei den psychologischen Zuständen des Menschen um funktionale Zustände handelt – das ist zumindest die Haupt*these* des Funktionalismus, die Putnam in seinen frühen Arbeiten vertritt (ohne aber darüber hinaus zu behaupten, Menschen seien Turing-Maschinen). Die zentrale Schwierigkeit des Funktionalismus liegt nun darin, daß sich die funktionalen Zustände von Menschen im Gegensatz zu denjenigen von Maschinen nicht genauer spezifizieren lassen, da wir bei Menschen kein Äquivalent zur Maschinentafel kennen: Während wir Computer selber programmieren und in ihre funktionale Organisation (ihre Maschinentafel) Einblick nehmen können, entzieht sich die funktionale Struktur der psychologischen Zustände des Menschen unserer Kenntnis.

Das Zirkularitätsargument gegen den Behaviorismus (§ 11) läßt sich folglich auch gegen den Funktionalismus wenden: Wenn wir im Falle von Menschen das Äquivalent zur Maschinentafel nicht anzugeben vermögen, bleibt zur Beschreibung psychologischer Zustände nur ein unbefriedigender Weg offen: Zwar können wir die – mangels besserer Alternativen – plausible Behauptung aufstellen, psychologische Zustände seien funktional; wenn wir aber zum Beispiel versuchen wollen, den Unterschied zwischen Schmerz- und Hungerzuständen genauer zu spezifizieren, müssen wir die Begriffe des Schmerzes und des Hungers voraussetzen: Schmerzzustände führen im Gegensatz zu Hungerzuständen zu einem Verhalten, das wir als Ausdruck des Schmerzes auffassen (und umgekehrt). Genaueres läßt sich über Schmerz, Hunger und andere Zustände des Menschen aus der Außenperspektive im wesentlichen aber nicht sagen. Ihre gegenseitige funktionale Abhängigkeit bleibt im dunkeln. Die Doktrin des Funktionalismus ist also mit dem großen Mangel behaftet, nur dem negativen Zweck zu dienen, andere Auffassungen in der Philosophie des Geistes (überzeugend) zu kritisieren; über den Geist hat sie letztlich jedoch wenig Neues zu sagen.

Natürlich entspringt auch der Funktionalismus – ebenso wie der Materialismus und der Behaviorismus – dem verständlichen Wunsch, den Geist einer (an der Kybernetik orientierten) wissenschaftlichen Untersuchungsmethode und damit einer Beschreibung aus der Außenperspektive zugänglich zu machen. Solange aber im menschlichen Gehirn kein Äquivalent zur Maschinentafel entdeckt wird, sind der wissenschaftlichen Erforschung funktionaler Zustände sehr enge Grenzen gesetzt. Die funktionalistische Hauptthese stellt für sich genommen keinen hinreichenden Grund dar, ein wissenschaftliches Forschungsprogramm zur Auffindung eines solchen Äquivalents in die Wege zu leiten – ganz im Gegenteil: Wie die Paragraphen 9 und 11 gezeigt haben, zieht ja gerade Putnams Funktionalismus zahlreiche Argumente gegen den Versuch nach sich, aus der materiellen Beschaffenheit oder dem Verhalten eines Organismus dessen psychische (funktionale) Organisation erschließen zu wollen. Folglich dürfte es aus prinzipiellen Gründen kaum möglich sein, das menschliche Äquivalent zur Maschinentafel je ausfindig machen zu können. Die funktionalistische Kritik am Materialismus und am Behaviorismus wendet sich also letztlich gegen sich selbst: Indem sie jenes Forschungsprogramm als nutzlos entlarvt, entzieht sie sich selbst den Boden, der für das Aufstellen *positiver* Aussagen über den Geist und dessen Zustände unerläßlich wäre.

Bemerkenswert ist auch, daß der Funktionalismus die dritte klassische geistesphilosophische Position, den Dualismus, nicht widerlegt: »Die Funktionalismusthese und der Dualismus sind nicht unverträglich«, gibt Putnam selbst zu. (PP2 436) Laut John Searle *ist* der Funktionalismus sogar eine dualistische Doktrin, da er der materiellen Realisation psychologischer Zustände kein Gewicht beimesse, sondern geistige Phänomene allein vermittels formaler Begriffe zu erläutern versuche.[40] Auf Putnams Standpunkt trifft Searles kritischer Punkt aber insofern nicht zu, als Putnam die geistigen Zustände des Menschen nicht für ein kausal abgeschlossenes System hält (§ 6). Daß der Funktionalismus, wie er eingesteht, den Dualismus nicht auszuschließen vermag, weist aber ohne Zweifel auf eine weitere Schwäche hin.

II. Sprachphilosophie

13. Auf dem Weg zur linguistischen Wende

Die Philosophie des 20. Jahrhunderts wurde durch eine grundsätzliche Neuorientierung entscheidend geprägt: Nach der Jahrhundertwende begannen sich die Mitglieder des Wiener Kreises (unter andren Carnap, Neurath, Schlick) der Sprache als dem – wie sie glaubten – eigentlichen Gegenstand der Philosophie zuzuwenden. Bis zu dieser sogenannten linguistischen Wende waren die philosophischen Probleme stets als *Sach*fragen betrachtet worden. So versuchte etwa die Metaphysik, das Wesen der Realität zu ergründen, also Antworten auf die Frage nach den Grundstrukturen der Welt zu finden. Als Sachfrage unterscheidet sich letztere nicht grundsätzlich von der fundamentalen Problemstellung der Naturwissenschaften im allgemeinen und der Physik im besonderen: Beide haben dasselbe Ziel, und letztlich sind beide empirischer Natur, auch wenn metaphysische Systeme im Gegensatz zur Wissenschaft immer den Anspruch hatten, besonders allgemein oder fundamental zu sein.

Es verwundert deshalb nicht, daß zur Zeit der Entstehung und Ausarbeitung der ersten modernen empirischen Theorie – der Astronomie von Kopernikus und Kepler beziehungsweise der sie umfassenden Mechanik Newtons – keine klare Trennung zwischen Philosophie einerseits und Wissenschaft andererseits ersichtlich war: Descartes' *Prinzi-*

pien der Philosophie nahmen Newtons erstes Bewegungsgesetz vorweg[41] und enthielten Betrachtungen zur Astronomie und Optik, während Newton sein Hauptwerk *Philosophiae Naturalis Principia Mathematica* nannte und in eine philosophische Tradition stellte; Leibniz brachte sowohl empirische Argumente gegen die Richtigkeit von Descartes' Energieerhaltungsgesetz (§ 2) als auch eine philosophische Kritik an den Grundlagen der Newtonschen Mechanik vor.[42] Die Physik emanzipierte sich aber verhältnismäßig rasch und entzog sich in der Folge mehr und mehr den spezifisch philosophischen Einwänden. Die metaphysischen Systeme vermochten mit dem zunehmenden Erfolg der physikalischen Theorien nicht mehr Schritt zu halten, sondern blieben in einem fruchtlosen Widerstreit stecken. Kant nahm diese wenig verheißungsvolle Entwicklung denn auch zum Anlaß, die Philosophie von Grund auf zu reformieren, um auch ihr zum »sicheren Gang einer Wissenschaft« zu verhelfen.

Den Grund für das »bloße Herumtappen« der Metaphysik sieht Kant weniger in ihrem Allgemeinheitsanspruch als in ihrem zügellosen Verfahren, weil die Metaphysik mit ihren Spekulationen »über die Grenze möglicher Erfahrung« und damit über dasjenige hinausgegangen sei, »was sich durch ein Experiment bestätigen oder widerlegen läßt«. Mit seiner *Kritik der reinen Vernunft*, die »ein Traktat von der Methode, nicht ein System der Wissenschaft selbst« ist, will er die Metaphysik deshalb auf eine klare methodische Grundlage stellen: Indem sich die Metaphysik auf empirische und logisch-mathematische Richtlinien beschränkt, vermeidet sie widersprüchliche Spekulationen jenseits des experimentell oder gedanklich klar überprüfbaren Wissens. Diese methodische Beschränkung hat also in erster Linie den »negativen Nutzen«, den Bereich zuverlässiger menschlicher Erkenntnis zu begrenzen.[43] Kant möchte also nicht mehr jede Fragestellung als philosophisches Problem anerkennen, sondern deutlich zwischen dem, was sich im Rahmen der Metaphysik sinnvoll behandeln läßt, einerseits und der unfruchtbaren Spekulation andererer-

seits unterscheiden. Das Auffinden, Rechtfertigen und Anwenden jener methodischen Richtlinien (zum Beispiel in den
Metaphysischen Anfangsgründen der Naturwissenschaft) hält
er aber ohne Zweifel für ein sachliches Problem: Es wird seiner Meinung nach gelöst, indem man das Wesen der menschlichen Vernunft eruiert.

Die Kantische Einsicht, daß sich unkontrolliertes und
schlecht fundiertes Denken in Widersprüche verstrickt, warf
im Grunde genommen bereits ein bezeichnendes Licht auf
unsere gedankliche und damit auch sprachliche Repräsentation der Welt. Denn offensichtlich läßt sich nicht jede metaphysische Frage, die wir uns über die Realität stellen können, auch wirklich beantworten. Die Fragen nach der einfachen Natur der Seele und nach der Notwendigkeit eines ersten Weltanfangs sind zwei Beispiele, die Kant in diesem Zusammenhang nennt. Und das heißt mit anderen Worten, daß
die Sprache, die die Formulierung solcher unbeantwortbarer
Problemstellungen ermöglicht, aber eigentlich nur ein Darstellungsmittel für unsere Repräsentationen sein soll, über
den Bereich zuverlässiger Erkenntnis und mithin auch über
das hinausgeht, was sich sinnvollerweise behaupten läßt.
Kants Ansatz enthält im Grunde bereits das Unbehagen an
der Sprache, das sich später im Wiener Kreis als linguistische
Wende klar artikuliert. Die konsequente Hinwendung zur
Sprache brachte, wie sich zeigen sollte, eine Abkehr vom
traditionellen Verständnis der Philosophie mit sich: Philosophische Probleme konnten nicht mehr länger als Sachfragen
aufgefaßt werden.

14. Die linguistische Wende

Wenn sich nicht jede gestellte Frage tatsächlich beantworten
und nicht jede gegebene Antwort effektiv überprüfen läßt,
kann es sich bei der Sprache, in der wir diese (vermeintli-

chen) Problemstellungen und -lösungen formulieren, offensichtlich nicht um ein *neutrales* Darstellungsmittel handeln. Wäre die Sprache nämlich ein planer Spiegel, mit dem wir die Welt unverzerrt abzubilden vermöchten, bliebe unerklärlich, weshalb sie die Formulierung metaphysischer Fragen und Behauptungen ermöglicht, die mit der Realität nicht verglichen und deren Richtigkeit deshalb auch nicht experimentell überprüft werden können. Neben dem Kantischen Unbehagen trugen im 19. und frühen 20. Jahrhundert zwei außerphilosophische Entdeckungen zu der zunehmenden Skepsis gegenüber der darstellerischen Neutralität der Sprache bei: Von 1826 an konnten die beiden Mathematiker Nikolai Lobatschewski und Georg Riemann unabhängig voneinander nicht-euklidsche Geometrien aufstellen; 1901 konstruierte Bertrand Russell eine Paradoxie in Cantors Mengenlehre.

Mehr als zweitausend Jahre lang hielt man Euklids Geometrie aus begrifflichen und anschaulichen Gründen für die einzig mögliche, für die definitive Beschreibung des Raumes. In einer Geometrie, die auf den Axiomen Lobatschewskis oder Riemanns aufbaut, ist Euklids Parallelenpostulat aber ungültig und der Raum selbst infolgedessen gekrümmt. Obwohl wir uns dreidimensionale gekrümmte Räume nicht vorzustellen vermögen, enthalten die sie beschreibenden Geometrien erwiesenermaßen keine Widersprüche und sich deshalb *möglich*. Und da Einsteins allgemeine Relativitätstheorie von 1916 auf ihnen aufbaut, sind sie mittlerweile sogar Teil der physikalischen Beschreibung der Welt geworden. Nach dem heutigen Wissensstand ist unser Universum nicht-euklidscher Art. Die folgenschwere Entdeckung von Lobatschewski und Riemann widerlegte also in zweifacher Hinsicht die lange Zeit für unhintergehbar gehaltene Annahme, es gäbe nur eine einzige Beschreibung des Raumes. (Siehe § 31) Demgegenüber machte Russells Paradoxie deutlich, daß selbst ein einfaches und intuitiv völlig klares mathematisches System wie dasjenige Cantors Widersprüche enthalten kann. Sie war besonders gravierend, weil die Mengenlehre die Grundlage der gesamten Mathematik bildet, und löste eine entsprechende Grundlagendiskussion in der Mathematik aus.[44]

Aus philosophischer Sicht mußten beide Entdeckungen als weitere schwerwiegende Indizien dafür betrachtet werden, daß Sprache im allgemeinen Sinne des Wortes kein neutrales Darstellungsmittel sein kann. Denn einerseits galten mathematische Sätze seit jeher als Paradebeispiel sicherer Erkenntnis, während sich andererseits die Mathematik durch ihre äußerst erfolgreiche Anwendung in den Naturwissenschaften geradezu als *das* sprachliche Darstellungsmittel zur Beschreibung der Realität empfohlen hatte. Wenn aber selbst die exakte Sprache der Mathematik Mehrdeutigkeiten (wie im Falle der Geometrie) und Widersprüche (wie im Falle der Cantorschen Mengenlehre) nicht von vornherein auszuschließen vermag und sich in diesem Sinne als problematisches Darstellungsmittel erweist, dann wird es um die ungenaue natürliche Sprache, in der die Philosophie ihre Probleme und Antworten zu formulieren pflegt, um so schlimmer bestellt sein. Der frühe Wittgenstein und die Mitglieder des Wiener Kreises nahmen diese Situation zum Anlaß, eine radikale philosophische Reform einzuleiten: Sie gingen von der aus ihrer Sicht berechtigten Annahme aus, daß sämtliche philosophischen Probleme und Antworten auf sprachlichen Mehrdeutigkeiten und Widersprüchen beruhten, die bisherige Philosophie also gewissermaßen den Tücken ihres eigenen Darstellungsmittels (der natürlichen Sprache) zum Opfer gefallen war. Sie erklärten folglich die Analyse und Klärung der natürlichen Sprache zur vordringlichsten Aufgabe und glaubten, so die Streitfragen der klassischen Metaphysik als bloße Scheinprobleme, als Produkte sprachlicher Verwirrungen entlarven zu können.

Im Anschluß an Kant, der der Philosophie zum »sicheren Gang einer Wissenschaft« verhelfen wollte, sahen die Mitglieder des Wiener Kreises in der These vom sprachlichen

Ursprung aller metaphysischen Probleme den entscheidenden Ansatzpunkt, um eine »endgültige Wendung der Philosophie« einzuleiten und »den unfruchtbaren Streit der Systeme«[45] definitiv zu beenden. Natürlich erforderte die Untersuchung und Klärung der Sprache, mit der die bisherigen Probleme behoben beziehungsweise eliminiert werden sollten, eine bestimmte Methode, da die für jene Schwierigkeiten verantwortlichen sprachlichen Mehrdeutigkeiten und Widersprüche offensichtlich nicht ohne weiteres erkennbar sind.[46] Für den Wiener Kreis bestand diese Methode »in der logischen Analyse der Sätze und Begriffe der empirischen Wissenschaft«.[47] Weshalb gerade ein derartiges Verfahren zum gewünschten Erfolg führen soll, ist allerdings von vornherein nicht unbedingt einsichtig, sondern beruht auf zwei Voraussetzungen: erstens auf der Annahme, daß nur empirisch überprüfbare Sätze als sinnvoll gelten können, und zweitens darauf, daß die Grammatik der natürlichen Sprache bloß oberflächlich ist, also die eigentliche (»logische«) Struktur der in ihr formulierten Aussagen verhüllt.

Auch wenn Kant, wie oben bemerkt, im Zusammenhang mit der »Grenze möglicher Erfahrung« von der experimentellen Bestätigung oder Widerlegung unserer Annahmen spricht, stellt die erste Voraussetzung kein durchweg Kantisches Postulat dar. Sie fußt vielmehr auf der radikaleren Doktrin des klassischen Empirismus von Locke und Hume, wonach alle Erkenntnis aus den menschlichen Sinnen stammt. Daß sich der Wiener Kreis dem Empirismus verpflichtet fühlte, braucht allerdings nicht zwangsläufig als philosophisches Credo verstanden zu werden, das seinerseits einer Rechtfertigung bedürfte. Es handelt sich dabei eher um eine folgerichtige Konzession an den Erfolg der empirischen Wissenschaften, der die Kantischen Bemühungen um eine Verwissenschaftlichung der Philosophie ja überhaupt erst auslöste.

Die zweite Voraussetzung drängte sich für die Mitglieder des Wiener Kreises, die mit der von Gottlob Frege in seiner

Begriffsschrift sowie von Bertrand Russell und Alfred Whitehead in ihren *Principia mathematica* erarbeiteten formalen Logik vertraut waren, dagegen regelrecht auf: Sowohl die Grammatik der natürlichen Sprache als auch die klassische Logik weisen nämlich allen Sätzen eine pradikative Form zu, teilen sie also stets in ein Prädikat und ein Subjekt auf. Das hat zum Beispiel zur Folge, daß von einem Satz wie »a ist größer als b« nicht auf den Satz »b ist kleiner als a« geschlossen werden kann, da im ersten Urteil der Ausdruck »größer als b« als einheitliches Prädikat behandelt wird und »b« dementsprechend nicht nach einer Schlußregel herausgelöst werden kann.[48] Den gewünschten Schluß kann man nur in der von Frege, Russell und Whitehead ausgearbeiteten neuen Logik ziehen, die nicht nur zwischen Subjekten und Prädikaten unterscheidet, sondern unter anderem auch Relationen (»größer als«, »kleiner als« und so weiter) und Quantoren (»alle«, »einige«) kennt. Das war den Mitgliedern des Wiener Kreises Grund genug, die neue Logik als einzige Autorität bei der Analyse und Klärung der Sprache zu betrachten.[49]

15. Wittgensteins Traktat

Das erste und zugleich wichtigste Werk der linguistischen Wende ist Wittgensteins *Logisch-philosophische Abhandlung*. Im Vorwort hebt Wittgenstein seine beiden Hauptanliegen klar hervor: Er möchte einerseits »dem Denken eine Grenze ziehen« und andererseits zeigen, daß die Fragestellung der meisten philosophischen Probleme »auf dem Mißverständnis der Logik unserer Sprache beruht«. Das erste Ziel trägt eindeutig kantische Züge,[50] wollte doch Kant mit seiner Vernunftkritik einem empirisch unkontrollierten Gebrauch des Denkens zuvorkommen und die Philosophie dazu veranlassen, sich »mit der spekulativen Vernunft niemals über die Erfahrungsgrenze hinauszuwagen«. Diese Erfahrungsgrenze, hinter der keine echten Erkenntnisse mehr möglich sind, bestimmt sich für ihn durch die korrekte (ausschließlich auf Erscheinungen gerichtete) Anwendung der sogenannten Kategorien, der von ihm postulierten Formen des Denkens.[51] Demgegenüber kann für Wittgenstein, dem Philosophen der linguistischen Wende, die dem Denken zu ziehende Grenze nur eine sprachliche sein. Und »was jenseits der Grenze liegt«, schreibt er, »wird einfach Unsinn sein«. Nicht die Kategorien des Denkens, wie bei Kant, sondern die Kategorien (die logische Form) der Sprache schließen bei ihm die Metaphysik aus.

Offensichtlich hängt Wittgensteins zweites Hauptanliegen vom ersten ab: Wenn die Grenze zwischen dem sinnvollen und dem unsinnigen Sprachgebrauch einmal gezogen worden ist, lassen sich die klassischen Probleme der Philosophie als unsinnig erkennen: »Die meisten Sätze und Fragen, welche über philosophische Dinge geschrieben worden sind, sind nicht falsch, sondern unsinnig. Wir können daher Fragen dieser Art nicht beantworten, sondern nur ihre Unsinnigkeit feststellen.« Und in letzterem besteht seines Erachtens die eigentliche Aufgabe der Philosophie. Sie ist also keine Wissenschaft, die über eigene Erkenntnisse verfügt oder positive Resultate erzielt, sondern bloß eine Tätigkeit, die der Klärung der Sprache und des Denkens dient. Welche Sätze wahr oder falsch sind, darüber entscheidet allein die Naturwissenschaft, während die Philosophie »das bestreitbare Gebiet der Naturwissenschaft« begrenzt, also festlegt, welche Sätze überhaupt durch empirische Untersuchungen bestätigt oder widerlegt werden können.[52]

Hier zeigt sich ein entscheidender Punkt der linguistischen Wende: Die Philosophie behandelt gemäß Wittgenstein keine Sachfragen; diese sind ausschließlich Sache empirischer Wissenschaften. Demgegenüber hatte Kant seine Kritik an der Metaphysik nicht nur aus gewissen Einsichten in das Wesen der menschlichen Vernunft (einer »Sache« also) gewonnen, sondern darüber hinaus auch vermeintliche Naturgesetze wie dasjenige der Kausalität apriorisch (ohne Zuhilfenahme der Erfahrung) erschlossen.[53] Dem stellt Wittgenstein folgerichtig die Behauptung entgegen: »Einen Kausalnexus [...] gibt es nicht.«[54]

Erstaunlicherweise schweigt sich Wittgenstein darüber aus, *wie* die – um mit Carnap zu sprechen – logische Analyse der Sätze und Begriffe der Naturwissenschaft konkret durchgeführt werden soll.[55] Einige Textstellen deuten lediglich an, worin diese »Sprachkritik« bestehen könnte: In der Umgangssprache komme es ungemein häufig vor, daß dasselbe Wort auf unterschiedliche Weise bezeichne, das heißt unterschiedliche Bedeutungen habe. Als Beispiel nennt er das Verbum »sein«, das in der natürlichen Sprache als Kopula, als Gleichheitszeichen und als Ausdruck der Existenz verwendet wird. In der Tat hat dieser Terminus in Sätzen wie »Sokrates ist ein Mensch«, »Wale sind Säugetiere«, »Der Abendstern ist der Morgenstern« oder »Ich denke, also bin ich« jeweils eine andere Bedeutung. Derartige Mehrdeutigkeiten verursachen laut Wittgenstein »leicht die fundamentalsten Verwechslungen (deren die ganze Philosophie voll ist).« Demgegenüber drückt die Logik Freges und Russells die Bedeutungen von »sein« durch unterschiedliche Symbole aus. Wir können die Umgangssprache folglich klären, indem wir den logischen Symbolen stets verschiedene Wörter zuordnen, also ihre Grammatik der logischen Syntax anpassen.[56] Das läßt allerdings offen, wie wir einen Satz der noch unangepaßten Sprache analysieren und seine logische Struktur ermitteln sollen. Und ohne ein solches Analyseverfahren bleibt unklar, ob die Grenze zwischen sinnvollen und unsinnigen Sätzen in einer natürlichen oder wissenschaftlichen Sprache – im Gegensatz zur Situation in der Logik selbst – effektiv genau bestimmt werden kann.

Der Grund, weshalb das ambitiöse kantische Programm des frühen Wittgenstein (und des Wiener Kreises) letztlich scheitern mußte, liegt aber tiefer. Er hängt mit Wittgensteins absolutistischer Auffassung der Logik zusammen. Für ihn gibt es – auch wenn er dies nicht ausdrücklich sagt – nur eine einzige, in gewisser Weise objektiv gegebene Logik. Aus heutiger Sicht kann jedoch nicht sinnvollerweise von *der* Logik gesprochen werden, wie das im Traktat verschiedentlich der Fall ist. Unter »Logik« versteht man heute vielmehr ein Sammelsurium zum Teil stark divergierender, aber praktisch gleichwertiger formaler Sprachen, die je durch ein sogenanntes Axiomensystem und gewisse Ableitungsregeln (mit denen man die sogenannten Theoreme aus den Axiomen deduziert) definiert sind. Demgegenüber hält Wittgenstein die Logik für ein »Spiegelbild der Welt« beziehungsweise für ein »allumfassendes« Abbild einer objektiven Wirklichkeitsstruktur, die er als »Logik der Welt« bezeichnet.[57] Daß er die Logik nicht im Sinne hierarchisch (in Axiome, Ableitungsregeln und Theoreme) gegliederter, formaler Systeme auffaßt, besagt auch folgende Bemerkung: »In der Logik kann es nicht Allgemeineres und Spezielleres geben«. Konsequenterweise muß seiner Meinung nach die Wahrheit jedes einzelnen logischen Satzes aus diesem Satz selbst erkennbar sein,[58] darf also nicht von daher rühren, daß er vorgängig aus wahren Axiomen deduziert worden ist.

Diese absolutistische Auffassung untergräbt nun aber Wittgensteins eigene Konzeption der Philosophie, und zwar in zweifacher Hinsicht. Zum einen zieht sie einen grundlegenden Widerspruch nach sich. Denn falls nur eine einzige, die Wirklichkeitsstrukturen abbildende Logik existierte, wäre die für die Philosophie entscheidende Frage nach dem sinnvollen, der Logik angemessen Sprachgebrauch eine Sachfrage: Sie ließe sich darauf reduzieren, ob die jeweils zu klärende Verwendung umgangssprachlicher Sätze der Logik der Welt entspricht oder nicht – und letzteres vermöchten wir natürlich nur dann zu entscheiden, wenn wir über gewisse Einsichten in das *Wesen der Welt* verfügten.[59] Entgegen Wittgensteins eigener Absicht müßten bei der philosophischen Sprachanalyse folglich immer auch sachliche (empirische) Erwägungen eine Rolle spielen.[60] Und zum andern hat sich, wie gesagt, die im Wiener Kreis gängige Rede von *der* Logik als unhaltbar erwiesen:[61] Es gibt verschiedenste Logiken, und keine unter ihnen kann als »objektiv« ausgezeichnet werden.[62] Für die logische Klärung der Sprache bedeutet das jedoch, daß ein umgangssprachlicher Satz im Prinzip auf mehrere einander eventuell ausschließende Arten analysiert werden kann. Deshalb dürfte es kaum möglich sein, stets klar zwischen sinnvollen und unsinnigen Aussagen zu unterscheiden beziehungsweise dem Denken eine wohlbestimmte Grenze zu ziehen.

16. Quines Dogmenkritik

Zu den skizzierten internen Schwierigkeiten der von Wittgenstein und dem Wiener Kreis vollzogenen radikalen »Wende der Philosophie« kam eine externe hinzu. Im Jahr 1951 publizierte Willard V. Quine seinen außerordentlich einflußreichen Aufsatz »Two Dogmas of Empiricism«, mit dem er zwei Grundpfeiler der damaligen Philosophie ins Wanken brachte: Der eine war die mindestens bis auf Kant zurückreichende Unterscheidung zwischen analytischen und synthetischen Sätzen, der andere die von Charles Sanders Peirce und den Mitgliedern des Wiener Kreises aufgestellte Verifikationstheorie der Bedeutung. Letztere besagt, daß jeder sinnvolle Satz durch sinnliche Wahrnehmungen bestätigt oder widerlegbar sein muß und seine Bedeutung in der dazu erforderlichen Verifikationsmethode besteht. Sie bringt also im Grunde genommen die oben (§§ 13, 14) dargelegte Einsicht zum Ausdruck, daß fruchtbare Behauptungen nur diesseits der »Grenze möglicher Erfahrung« (Kant) beziehungsweise der Trennlinie zwischen sprachlichem Sinn und Unsinn (Wittgenstein) angesiedelt sein können.

Quine unterteilt – in Übereinstimmung mit der damals

herrschendn Auffassung – die analytischen Aussagen in logisch wahre Sätze und solche, die durch eine Substitution synonymer Termini in logisch wahre Sätze verwandelt werden können. So ist zum Beispiel die Aussage »Alle Junggesellen sind unverheiratete Männer« analytisch, weil sie durch die Ersetzung des Ausdrucks »Junggeselle« durch dessen Synonym »unverheirateter Mann« zum logisch wahren Satz »Alle unverheirateten Männer sind unverheiratete Männer« wird. Nun bedarf der in dieser Definition von »analytisch« verwendete Begriff der Synonymität, so argumentiert Quine, seinerseits einer genaueren Bestimmung. Es gibt zwei Möglichkeiten, dies zu tun. Die erste besteht darin, Synonymie mit Hilfe des Definitionsbegriffs zu präzisieren: Zwei Ausdrücke sind genau dann synonym, wenn der eine durch den anderen definiert wird. Falls wir unter einer Definition einen Wörterbucheintrag verstehen, hilft uns dieser Vorschlag aber nicht weiter, weil das Erstellen eines Wörterbuchs eine *nachträgliche Beschreibung* des allgemeinen Sprachgebrauchs ist und als solche natürlich voraussetzt, daß die Sprachbenützer die beiden zur Diskussion stehenden Termini synonym verwenden. Wenn wir Definitionen hingegen lediglich als schreibtechnische Abkürzungen auffassen – wie zum Beispiel bei »bzw. = beziehungsweise« –, lassen wir die interessanten Fälle (etwa »Junggeselle«/»unverheirateter Mann«) gerade außer acht, legen also gar keine allgemeine Definition des Synonymiebegriffs vor.[63]

Die zweite Möglichkeit, letzteren genauer zu fassen, besteht darin, ihn als Austauschbarkeit salva veritate zu verstehen: Zwei Termini wären demnach genau dann synonym, wenn die Sätze, in denen der eine von beiden vorkommt, ihren Wahrheitswert nach einer Vertauschung der beiden betreffenden Termini nicht verändern. (»Salva veritate« bedeutet also: Der Wahrheitswert bleibt gleich.) Dieser Definitionsversuch scheitert nun seinerseits an Ausdruckspaaren wie »Lebewesen mit Herz«/»Lebewesen mit Nieren«, die offensichtlich nicht synonym sind: Weil nur Lebewesen mit

Herz auch Nieren haben (und umgekehrt), treffen alle wahren Behauptungen, in denen von Lebewesen mit Herz die Rede ist, auch auf Lebewesen mit Nieren zu. Die Austauschbarkeit salva veritate ist also keine *hinreichende* Bedingung für Synonymie. Daß in den uns bekannten Organismen Herzen und Nieren nur gemeinsam auftreten, ist allerdings bloß eine empirische Tatsache und deshalb in einem gewissen Sinne zufällig. Wir könnten also versucht sein, den Definitionsvorschlag doch noch zu retten, indem wir neben Austauschbarkeit auch Notwendigkeit als Bedingung der Synonymie verlangen: Junggesellen sind notwendigerweise unverheiratete Männer, während sich etwas Entsprechendes von Lebewesen mit Herz und Lebewesen mit Nieren nicht behaupten läßt. Weshalb ist ersteres aber überhaupt der Fall? Doch offensichtlich nur darum, argumentiert Quine, weil der Satz »Alle Junggesellen sind unverheiratet« analytisch ist. Der Rückgriff auf die Notwendigkeit gewisser Aussagen ist also nur dann gerechtfertigt, wenn wir deren Analytizität vorgängig bereits eingesehen haben.[64]

Synonymie läßt sich folglich entweder nur zirkulär oder nur unter Zuhilfenahme des Analytizitätsbegriffs definieren. Damit wird natürlich die beabsichtigte Bestimmung der Analytizität hinfällig. Im vorletzten Unterkapitel von »Two Dogmas of Empiricism« wendet sich Quine deshalb einer anderen Strategie zu: Setzen wir die Korrektheit der Verifikationstheorie der Bedeutung argumentationshalber einmal voraus, so können wir einen analytischen Satz als eine Aussage definieren, die sich unter keinen Umständen widerlegen läßt. Die Verifikationstheorie der Bedeutung setzt nun allerdings voraus, daß jeder Satz durch die Erfahrung einzeln bestätigt oder widerlegt werden kann – verleiht ihm doch die Methode seiner Verifikation seine jeweilige Bedeutung.

Diese Annahme ist Quine zufolge aber falsch: Ein Satz vermag jeweils nur im Verbund mit anderen Sätzen überprüft zu werden. Die Gesamtheit unseres Wissens – seien es unsere geographischen oder geschichtlichen Kenntnisse, seien es die grundlegenden Gesetze der Teilchenphysik oder der reinen Mathematik – bildet nämlich ein Netz von logisch miteinander verknüpften Sätzen, das nur am Rand mit unseren Beobachtungen (unserer sinnlichen Erfahrung) in Berührung steht. Wenn diese wissenschaftliche Gesamttheorie an einem Ort mit der sinnlichen Erfahrung in Konflikt gerät, haben wir jeweils die Wahl, welche Sätze wir revidieren wollen: die »beobachtungsnahen« Hypothesen, die allgemeineren Gesetze (wie das beim Übergang von der Newtonschen Mechanik zur Einsteinschen Relativitätstheorie der Fall war) oder gar die Grundsätze der Logik selbst (wie das wegen der Interpretationsprobleme in der Quantenmechanik von Hans Reichenbach, George Birkhoff und Johann von Neumann vorgeschlagen worden ist). Selbst die Erfahrung beziehungsweise der sie festhaltende Protokollsatz wird in ihrer Geltung zweifelhaft, wenn eine Sinnestäuschung im Spiel ist. Wegen der logischen Verknüpfungen zwischen den einzelnen Aussagen der Theorie bedürfen je nach dem Allgemeinheitsgrad des Satzes, zu dessen Revision wir uns letztlich entschließen, mehr oder weniger viele andere Sätze ebenfalls einer neuerlichen Anpassung. Im Prinzip kann aber – sofern wir an der Theorie genügend Änderungen vornehmen – jeder Satz zu einem unrevidierbaren gemacht werden. Und umgekehrt bleibt potentiell kein Satz vor einer Revision verschont.[65] Es kann also keine Aussagen geben, die grundsätzlich unwiderlegbar und mithin analytisch sind.

17. Grundzüge der Putnamschen Sprachphilosophie

Für die Sprachphilosophie als Methode, althergebrachte Probleme durch eine Klärung unseres wichtigsten Darstellungsmittels (der Sprache) zu lösen, hat die Quinesche Kritik an den beiden Dogmen des Empirismus einschneidende Konsequenzen: Der frühe Wittgenstein und der Wiener Kreis gingen davon aus, daß es so etwas wie sprachliche beziehungsweise logische Fakten gibt, die sich von den empirischen Tatsachen klar unterscheiden lassen und die durch die Philosophie freigelegt und untersucht zu werden vermögen. Sie glaubten dementsprechend auch, einer Aussage jeweils eine empirische und eine rein sprachliche Komponente zuschreiben zu können. Entschied allein die sprachliche Komponente (die Bedeutung) über die Wahrheit eines Satzes, so galt dieser für sie als analytisch. Weil es nun aber laut Quine gar keine analytischen Sätze gibt beziehungsweise gar keine klare Unterscheidung zwischen analytischen (sprachlichen) und synthetischen (empirischen) Wahrheiten getroffen werden kann, lassen sich weder die sprachliche und die empirische Komponente eines Satzes noch die spekulative Metaphysik und die Naturwissenschaft trennen.[66] Die wissenschaftliche Gesamttheorie und die Sprache, die wir zu ihrer Formulierung benötigen, sind unauflöslich miteinander verwoben. Folglich kann es nach Quine auch keine Sprachphilosophie im Sinne des Wiener Kreises geben. Das ist die im vorangehenden Paragraphen erwähnte externe Schwierigkeit, mit der sich das Programm der »philosophischen Wende« konfrontiert sah.

Nun hat sich Putnam zu Beginn der siebziger Jahre in einer Reihe von Aufsätzen, die mit der berühmten Arbeit »The Meaning of ›Meaning‹«[67] ihren Höhepunkt erreichte, um eine Rehabilitierung der Sprachphilosophie und insbesondere der Semantik (Bedeutungstheorie) bemüht. Damit stand er im übrigen nicht allein: Zur gleichen Zeit versuchten insbesondere auch Richard Montague und Donald Davidson, die Semantik auf eine bessere Grundlage zu stellen und dadurch die Quineschen Einwände zu umgehen. Montague unterzog die Semantik einer durchgehend formalen (mengen- beziehungsweise modelltheoretischen) Behandlung und hoffte so, den durch Quines Kritik am Analytizitätsbegriff in Mißkredit geratenen Begriff der Bedeutung präzise fassen zu können, während Davidson den letzteren mit Hilfe des seines Erachtens klareren Wahrheitsbegriffs zu definieren versuchte.[68] Putnam schlug einen dritten Weg ein, indem er – gegen Quine – für die Unerläßlichkeit der klassischen Bedeutungstheorie argumentierte, ohne auf ihre problematischen Annahmen zurückzugreifen.

Zu diesen Annahmen zählt seiner Meinung nach vor allem die von Quine ebenfalls kritisierte Verifikationstheorie der Bedeutung (§ 16), welche die Bedeutung eines Satzes mit der Methode seiner Verifikation identifiziert. Sie krankt nicht nur daran, daß bloß ganze Theorien überprüft werden können (wie Quine gezeigt hat), sondern auch an mangelnder Adäquatheit. Es gibt nach Putnam nämlich sehr viele Sätze, die zwar prinzipiell nicht verifizierbar sind, aber dennoch eine Bedeutung haben, grammatikalisch korrekt gebildet und für einen durchschnittlichen Sprachbenützer problemlos verständlich sind. (PP2 442) Als Beispiel nennt er die unüberprüfbare Hypothese, daß die Welt (mitsamt unseren Erinnerungen an »frühere Zeiten«) vor fünf Minuten entstanden ist.[69] Ein Beispiel ganz anderer Art ergibt sich aus folgender Tatsache: Um die Bedeutung des Wortes »Gold« zu kennen, ist es offensichtlich nicht nötig, daß ein durchschnittlicher Sprachbenützer Gold von Nicht-Gold (etwa von Pyrit) unterscheiden kann; also spielen Identifikations- und Verifikationskriterien für dessen Sprachkompetenz keine zentrale Rolle. (Siehe §§ 18, 20)

Für Quine, der eine Unterscheidung sprachlicher und empirischer Fakten für undurchführbar hält, müßte jegliche Sprachanalyse – falls man sie überhaupt als sinnvolles Unterfangen betrachtet – gleichzeitig immer auch einen ausgeprägt empirischen Charakter haben. Obwohl nun Putnam Quines grundsätzliche Skepsis bezüglich der Möglichkeit einer Bedeutungstheorie nicht teilt, bestreitet auch er, daß die philosophische Semantik – wie das Wittgenstein und die Mitglieder des Wiener Kreises glaubten – apriorisch (d.h. ohne Berücksichtigung empirischer Tatsachen) betrieben werden kann. Seine sprachphilosophische Theorie beruht vielmehr, wie er betont, auf empirischen Hypothesen und kann als solche wissenschaftlich überprüft werden.[70] (PP2 148) Wir erkennen hier einen Grundzug seines Denkens, hatte er doch bereits in der Philosophie des Geistes hervorgehoben, daß die Frage nach der Identität von Mensch und Turing-Maschine empirischer Natur (§ 6) und seine funktionalistische Theorie als ganzes eine wissenschaftliche Hypothese sei. (PP2 xiv)

Putnam erklärt sich also mit zwei Aspekten der Quineschen Kritik am philosophischen Programm des Wiener Kreises einverstanden: Die Verifikationstheorie der Bedeutung ist falsch und die Sprachphilosophie kein apriorisches Unterfangen. Da die linguistische Wende dem (gescheiterten) erkenntnistheoretischen Versuch entsprang, dem Denken eine endgültige Grenze zu ziehen und dadurch die »großen« Fragen der Philosophie als Scheinprobleme zu entlarven, ist es jedoch fraglich geworden, wozu Sprachphilosophie eigentlich noch dienen soll. Diesbezüglich nimmt Putnam eine klare Haltung ein. Er räumt zwar ein, daß es für die klassischen Probleme keine »linguistischen Lösungen« gäbe, hebt indes den großen Nutzen semantischer Untersuchungen hervor: Nach der linguistischen Wende habe die Philosophie dank der Sprachanalyse zahlreiche neue Erkenntnisse gewonnen. Darüber hinaus sei die Sprache ein Themenbereich, der eine erhebliche wissenschaftliche Faszination ausübe und um ihrer selbt willen untersucht zu werden verdiene.[71] (PP2 2) Um so mehr muß deshalb der tiefergreifenden Quineschen Kritik begegnet werden, wonach Bedeutungen (sprachliche Tatsachen) nicht isolierbar sind und mithin auch nicht Gegenstand einer eigenständigen wissenschaftlichen oder philosophischen Untersuchung sein können.[72]

18. Ist Semantik möglich?

In seinem 1970 erschienenen Aufsatz »Is Semantics Possible?« stellt Putnam die Frage, weshalb die semantische Theorie natürlicher Sprachen sich nicht ähnlich rasant entwickelt habe wie die syntaktische Theorie nach Noam Chomsky und Zellig Harris. Semantik, ist seine Diagnose, muß als Sozialwissenschaft begriffen werden, die jener mathematischen Strenge und exakten Gesetze entbehrt, welche für die fruchtbare Entwicklung jeder wissenschaftlichen Disziplin erforderlich sind. (PP2 152) Es geht ihm in seinen sprachphilosophischen Arbeiten jedoch nicht darum, eine formale Grundlage für die Bedeutungstheorie zu erarbeiten (wie das Montague getan hat), um diese von ihrer sozialwissenschaftlichen Vagheit zu befreien. Er möchte sie vielmehr gegen den schwerwiegenden Quineschen Vorwurf in Schutz nehmen, gar nicht betrieben werden zu können. (PP2 146 f.)

Zu diesem Zweck weist Putnam auf mehrere Punkte hin, denen Quine zu wenig Rechnung getragen hat. Erstens macht er darauf aufmerksam, daß der allgemeine Sprachgebrauch durch eine Arbeitsteilung der Kommunikationsteilnehmer geprägt ist. Er bezeichnet diese wichtige und für die Sprachphilosophie im übrigen neue Feststellung als »These der sprachlichen Arbeitsteilung«. Sie besagt, daß die Referenz vieler Wörter – insbesondere derjenigen, die sich auf sogenannte natürliche Arten wie Elektronen, Gold oder Forellen beziehen – nur einer kleinen Minderheit der Sprachbenützer (den jeweiligen Experten nämlich) bekannt ist, während die übrigen Kommunikationsteilnehmer zwar die Bedeutungen dieser Wörter kennen, aber deren Extensionen (das, worauf sie sich referentiell beziehen) nicht genau anzugeben vermögen. (PP2 274, 278) In einem gewissen Sinn reduziert die These der sprachlichen Arbeitsteilung also die Bedeutung eines Wortes auf den kleinsten gemeinsamen Nenner der Sprachbenützer. Die Theorie der Bedeutung (in diesem engeren Sinne des Wortes) wird dadurch einer nicht unerheblichen Last entbunden: Sie muß nicht, wie Quine ihr unterstellt, alle sprachlichen Tatsachen erklären können; sie braucht also zum Beispiel keine Begründung dafür zu liefern, weshalb das Wort »Forelle« auf Forellen und nicht etwa auf Karpfen referiert. Durch die Entlastung des Bedeutungsbegriffs steigen indessen die Chancen, eine funktionierende Theorie der Bedeutung erarbeiten zu können.

Zweitens sollte der Begriff der Bedeutung laut Putnam unbedingt vom Analytizitätsbegriff abgekoppelt werden. Für Quine sind Bedeutung und Analytizität hingegen zwei Aspekte desselben Phänomens; nachdem sich der Analytizitätsbegriff als undefinierbar erwiesen hat, verliert in seinen Augen deshalb auch der Begriff der Bedeutung (beziehungsweise die Unterscheidung zwischen sprachlichen und empirischen Fakten) jegliche Kontur. Das trifft jedoch nicht zu: Wenn man einen durchschnittlichen Sprachbenützer fragt, wie ein Tiger aussieht, wird er in etwa antworten, Tiger seien große, katzenähnliche Raubtiere mit einem gestreiften Fell. Offensichtlich gehört also das Gestreiftsein für ihn zur Bedeutung des Wortes »Tiger«. Dennoch existieren mitunter auch ungestreifte Tiger – Albinos nämlich.[73] Obwohl angesichts dieser Tatsache der Satz »Alle Tiger sind gestreift« nicht analytisch sein kann, gehört »Tiger sind gestreift« nichtsdestoweniger zur Bedeutung des Wortes »Tiger«. (PP2 256) Bedeutung geht folglich nicht mit Analytizität einher. Somit läßt Quines Kritik am Begriff der Analytizität keine negativen Schlüsse hinsichtlich der Möglichkeit einer semantischen Theorie zu.

Drittens – und das ist der entscheidende Punkt – spricht die Art und Weise, wie wir eine Sprache erlernen, eindeutig gegen die von Quine behauptete Untrennbarkeit der sprachlichen und empirischen Tatsachen: Wortbedeutungen können ohne weiteres von einem Sprachbenützer zum andern (zum Beispiel von einem Erwachsenen zu einem Kind) übermittelt werden. Putnam erblickt in diesem einfachen, aber grundlegenden Faktum den Ausweis für die Existenzberechtigung der semantischen Theorie. Wir teilen einer Person, die beispielsweise das Wort »Tiger« nicht kennt, dessen Bedeutung einfach dadurch mit, daß wir ihr sagen, was ein Tiger ist – nämlich ein großes, katzenähnliches Raubtier mit gestreiftem Fell. (PP2 147, 149) Wäre Quines

Behauptung, daß sich sprachliche und empirische Tatsachen nicht trennen lassen, aber richtig, so könnten wir einer Person die Bedeutung des Wortes »Tiger« nur dann mitteilen, wenn wir ihr eine ganze empirische (hier also eine zoologische) Theorie beibrächten. So spielt sich, wie wir aus eigener Erfahrung wissen, der Spracherwerb jedoch nicht ab. Im Alltag und in der Kindererziehung wäre das Beibringen einer ganzen empirischen Theorie überdies so umständlich, daß wir kaum je dazu kämen, ein uns unbekanntes Wort zu erlernen; der Spracherwerb würde zu einer schier unüberwindbaren Aufgabe.

19. Stereotypen

Seit Gottlob Freges sprachphilosophischen Arbeiten zu Beginn des Jahrhunderts hatte man Bedeutung als »Art des Gegebenseins«[74] des Referenzobjektes (der Extension) verstanden. So vertrat Carnap in seinen späteren Arbeiten eine Auffassung, wonach die Bedeutung eines Wortes wie beispielsweise »Zitrone« aus einer Menge von Eigenschaften besteht, die – zusammengenommen – einzig und allein den Referenzobjekten dieses Wortes (den Zitronen) zukommen. Im Falle von Zitronen wären das unter anderem die Merkmale gelb und sauer. Diese Eigenschaften legen also die »Art des Gegebenseins« von Zitronen eindeutig fest: Wenn einem Objekt eine (oder mehrere) der Eigenschaften fehlt, kann es sich nicht um eine Zitrone handeln. Eine derartige Bedeutungskonzeption, wie sie in der Sprachphilosophie und in der Linguistik lange vorherrschend war, scheitert an der einfachen Tatsache, daß viele natürliche Arten auch abnormale Exemplare aufweisen.[75] Es gibt dreibeinige Hunde, ungestreifte Tiger und Zitronen, die nie gelb werden. (PP2 140, 197-199)

Putnam hält den Ansatz der traditionellen Bedeutungstheorie nicht für grundsätzlich falsch. Die genannte Schwierigkeit kann nämlich behoben werden, indem man den Begriff des *normalen Exemplars* einführt und nunmehr lediglich – um beim obigen Beispiel zu bleiben – den normalen Zitronen eine gelbe Farbe und einen sauren Geschmack zuspricht. Mit einem Wort wie »Zitrone« assoziieren wir laut Putnam also in der Tat eine Theorie – aber nicht, wie Quine behauptet (§ 18), eine verhältnismäßig komplizierte wissenschaftliche (botanische) Theorie über Zitronen im speziellen oder Früchte im allgemeinen, sondern eine stark vereinfachte Theorie, welche die normalen Zitronen in groben Zügen beschreibt. Das, was wir uns unter einem normalen Exemplar einer natürlichen Art vorstellen, nennt Putnam ihren Stereotypen. Die Bedeutung eines Wortes, das auf eine natürliche Art referiert, charakterisiert somit nichts anderes als deren Stereotypen. (PP2 140, 148)

Das heißt aber eben nicht, daß die Eigenschaft, gelb zu sein, allen Zitronen zukommt oder der Satz »Jede Zitrone hat einen sauren Geschmack« analytisch ist. Von einem Objekt zu sagen, es sei eine Zitrone, bedeutet nur, daß es zu einer natürlichen Art gehört, deren normale Exemplare gewisse Eigenschaften besitzen; aber dem Objekt selbst werden diese Eigenschaften damit nicht zwangsläufig auch zugesprochen. (PP2 141) Denn ein Stereotyp ist keine Abstraktion aus sämtlichen Exemplaren einer natürlichen Art und trifft mithin auch nicht auf alle zu; lediglich die »typischen« Exemplare sind ihm ähnlich. Die mit einem Wort wie »Tiger« oder »Zitrone« assoziierte Miniaturtheorie, welche den betreffenden Stereotypen beschreibt, muß im übrigen weder wissenschaftlich richtig sein noch von den Sprachbenützern für richtig gehalten werden. So betrachtet man im allgemeinen Tomaten irrtümlicherweise als Gemüse, während mittlerweile wohl eine Mehrheit der Sprachbenützer weiß, daß Walfische keine Fische, sondern Säugetiere sind. Letzteres dürfte allerdings nicht ausgereicht haben, den entsprechenden Stereotypen und damit die Bedeutung des Wortes »Walfisch« zu verändern. Für die Verständigung spielt das aber keine Rolle; die Kommunikationsteilnehmer müssen nicht von der Richtigkeit solcher Miniaturtheorien überzeugt sein, sondern lediglich wissen, welcher Stereotyp mit welchem Wort assoziiert ist.

Da der Stereotyp beziehungsweise die ihn beschreibende Theorie weder auf alle Exemplare einer natürlichen Art zutrifft noch dem jeweils aktuellen Stand der wissenschaftlichen Erkenntnis zu genügen braucht, vermag die Bedeutung eines Wortes dessen Referenz natürlich nicht eindeutig festzulegen. Was wir als durchschnittliche Sprachbenützer über die Referenzobjekte eines Wortes und ihre Art des Gegebenseins »wissen«, beschränkt sich im Normalfall auf die Miniaturtheorie des betreffenden Stereotypen und reicht deshalb bei weitem nicht aus, die Wortextension genau zu bestimmen. (PP2 141) So verlangt die deutsche Sprache nicht von uns, eine Buche von einer Ulme unterscheiden zu können, um die Wörter »Buche« und »Ulme« richtig zu verwenden:[76] Denn beide Ausdrücke haben denselben Stereotypen (nämlich den einfachen Stereotypen eines Laubbaumes). Nur von demjenigen, bei dem auch eine Tanne als Buche oder Ulme durchgeht, läßt sich sagen, er kenne die Bedeutung dieser Wörter nicht.

Das bescheidene Wissen, das wir über die normalen Exemplare einer natürlichen Art haben müssen, um die Bedeutung des entsprechenen Wortes zu kennen, ermöglicht es aber im Gegenzug weniger kompetenten Kommunikationsteilnehmern (zum Beispiel Kindern), das betreffende Wort mit verhältnismäßig geringem Aufwand zu erlernen. Folglich wird Putnams Stereotypenkonzeption der Bedeutung dem grundlegenden Faktum der Semantik gerecht: Gerade weil Bedeutungen nicht – wie Quine behauptet – von unseren wissenschaftlichen Theorien abhängen, können sie beim Spracherwerb ohne weiteres von Sprecher zu Sprecher übermittel werden.

Wenn die Bedeutung eines Wortes dessen Extension nicht

festzulegen vermag, stellt sich allerdings die Frage, wie sprachliche Ausdrücke zu ihrer Referenz kommen. In seinen frühen sprachphilosophischen Aufsätzen hat Putnam sie mit Hinweis auf die jeweiligen Experten und die sprachliche Arbeitsteilung (§ 18) beantwortet: In einer Sprachgemeinschaft gibt es stets Fachleute, die anhand gewisser Testverfahren Aluminium von Molybdäum, Viren von Bakterien oder Früchte von Gemüse zu unterscheiden vermögen. Es sind diese Testverfahren, die die Referenz festlegen. Dem Laien brauchen sie nicht bekannt zu sein; es genügt, wenn er im Zweifelsfall einen Experten beiziehen kann. Daß die linguistische Kompetenz von einem durchschnittlichen Kommunikationsteilnehmer nicht verlangt, Buchen von Ulmen unterscheiden zu können, um die Wörter »Buche« und »Ulme« richtig zu verwenden, hat keine grundsätzliche Unbestimmtheit der Referenz zur Folge. Zahlreiche Wörter haben die Eigentümlichkeit, sich sozusagen nur via Experten auf die ihnen entsprechenden natürlichen Arten zu beziehen. (PP2 151)

20. Die Kausaltheorie der Referenz

Wenig später gab Putnam die Experten-Konzeption der Referenz zugunsten der sogenannten Kausaltheorie auf (PP2 205), welche er und Saul Kripke unabhängig voneinander entwickelt hatten.[77] (PP3 70) Ihr Grundgedanke tauchte erstmals in einem Aufsatz von Putnam aus dem Jahre 1962 auf (PP2 310 f.), erhielt aber in Kripkes einflußreicher Arbeit von 1972 über Eigennamen ihre definitive Ausprägung. Kripke kritisiert darin eine Auffassung Freges[78] und Russells, wonach ein Name wie »Julius Cäsar« als Synonym einer Kennzeichnung der Art »der römische Feldherr, der ›Julius‹ getauft worden war, Pompejus besiegte und den Rubikon überschritt« zu gelten hat. Eines der Argumente, die er gegen diese Auffassung vorbringt, knüpft an seine Überlegungen zu Notwendigkeit und Zufälligkeit an. Er geht nämlich von der intuitiv völlig plausiblen Annahme aus, daß Julius Cäsar nicht notwendigerweise den Rubikon überschritt, nicht notwendigerweise Pompejus besiegte und nicht notwendigerweise den Namen »Julius« erhielt (seine Eltern hätten ihn beispielsweise auch »Marcus« taufen können). Wären »Julius Cäsar« und die genannte Kennzeichnung nun aber tatsächlich synonym, so könnte es sich bei einem Mann, der auf eine Überschreitung des Rubikon verzichtet hätte, nicht um Julius Cäsar gehandelt haben – was offensichtlich unsinnig ist. (PP3 71 f.)

Demgegenüber schlägt Kripke vor, die Referenz eines Eigennamens nicht anhand einer Kennzeichnung, sondern vermittels einer Kausalkette zu bestimmen. Diese beginnt mit einem Taufakt, der eine kausale Beziehung zwischen einem Individuum und dessen Namen herstellt, und setzt sich anschließenden durch die Verwendung des neu eingeführten Namens von Person zu Person fort.[79] Wenn ich also den Namen »Julius Cäsar« korrekt verwende, so muß es im Jahrhunderte alten Kommunikationsprozeß eine Kausalkette geben, die von meinem Sprachgebrauch bis zur Taufe Cäsars zurückreicht. Wie bei den Ausdrücken, die sich auf natürliche Arten beziehen, spielen im Falle von Eigennamen meine Kenntnisse über den römischen Feldherrn für die Referenz folglich keine entscheidende Rolle. (PP2 203) Die Kausaltheorie zielt also, wie diese Überlegungen erkennen lassen, nicht darauf ab, Referenz zu definieren, sondern gibt lediglich darüber Auskunft, wie die referentiellen Bezüge gewisser Wörter festgelegt werden. (PP3 17) Gewisse Wörter können nur dann referieren, wenn zwischen ihnen und bestimmten Einzelgegenständen oder natürlichen Arten eine kausale Beziehung besteht; das kommt aber keiner Reduktion der Referenz auf Kausalität gleich. (RPY 221, Anm. 4) Kausale Beziehungen sind also eine Bedingung der Referenz, aber nicht mit dieser identisch. (RPY 165)

Putnam hat Kripkes Ansatz auf zwei andere Kategorien von sprachlichen Ausdrücken ausgeweitet, nämlich auf die Bezeichnungen für natürliche Arten (Wasser, Tiger und so weiter) sowie auf die Termini für physikalische Größen (Temperatur, elektrische Ladung, Radioaktivität et cetera). Da Entitäten wie Wasser oder Temperatur im Gegensatz zu Menschen nicht getauft werden, nimmt die Kausaltheorie in diesem Zusammenhang eine etwas andere Gestalt an: An die Stelle des Taufaktes treten kausale Beschreibungen der Form »Der Ausdruck A referiert auf diejenige physikalische Größe, welche für die und die Wirkungen verantwortlich ist.« (PP2 176, 246, 274) Die kausalen Beschreibungen werden also in einer Situation eingeführt, in der das Referenzobjekt – sei es eine natürliche Art, sei es eine physikalische Größe – des neuen Ausdrucks gegenwärtig ist (PP2 199), und zwar entweder unmittelbar oder indirekt über die von ihm verursachten beobachtbaren Wirkungen (Radioaktivität läßt sich sinnlich nicht wahrnehmen, erzeugt jedoch beobachtbare Effekte wie zum Beispiel die Schwärzung fotografischer Platten). Die Kausalkette, die die Referenz des Ausdrucks A festlegt, geht dann auf jene Situation zurück.

Um mit dem Terminus »Elektrizität« auf die entsprechende physikalische Größe zu referieren, muß man mithin nicht genau wissen, was Elektrizität ist. Es genügt im wesentlichen, wenn zwischen dem aktuellen Wortgebrauch und der Situation, in welcher der Ausdruck ursprünglich eingeführt worden ist, eine Kausalkette existiert. Das heißt zwar nicht, daß wir mit »Elektrizität« nicht auch eine Bedeutung (ein minimales Wissen über diese physikalische Größe) assoziieren müssen, um als kompetente Sprachbenützer gelten zu können; nur ist sie für den referentiellen Bezug nicht ausschlaggebend. (PP2 200 f.) Die Extension bestimmter Ausdrücke wird gemäß der Kausaltheorie folglich nicht – wie in der Experten-Konzeption der Referenz – durch unser Wissen beziehungsweise durch die Kenntnisse der jeweiligen Fachleute festgelegt, sondern bis zu einem gewissen Grad *durch die Welt selbst* (die neben physikalischen Größen, natürlichen Arten und kausalen Beziehungen auch die Sprachbenützer enthält). (RTH 25; PP3 71, 75)

Es kann allerdings der Fall eintreten, daß wir bei der Einführung eines neuen Ausdrucks die betreffende natürliche Art noch nicht hinlänglich kennen und sie deshalb nicht eindeutig von einer anderen, ihr äußerlich ähnlichen Art zu unterscheiden vermögen. Nehmen wir beispielsweise einmal an, es sei zur Zeit des Archimedes nicht möglich gewesen, Gold und Pyrit auseinanderzuhalten. Um die unerwünschte Konsequenz zu vermeiden, daß »χρυσός«, das altgriechische Wort für »Gold«, sowohl auf Gold als auch auf Pyrit referierte, muß die Kausaltheorie offensichtlich durch zwei zusätzliche Bedingungen erweitert werden: Wir müssen bei der Einführung eines neuen Terminus erstens über Paradigmen (normale Exemplare) der betreffenden natürlichen Art verfügen und zweitens festsetzen, daß der neue Ausdruck nur auf diejenigen Referenzobjekte zutrifft, die dieselbe wesentliche Eigenschaft (verborgene Struktur) besitzen wie die Paradigmen – also im Falle von Metallen dieselbe physikalisch-chemische Zusammensetzung, im Falle von biologischen Arten wie Zitronen oder Tigern hingegen dieselbe DNS. (PP2 204, 235; PP3 73) Obwohl die alten Griechen die wesentliche Eigenschaft von Gold noch nicht kannten und Gold möglicherweise nicht von Pyrit zu unterscheiden vermochten, referierte »χρυσός« gemäß der Kausaltheorie der Referenz somit schon damals nur auf Gold – und nicht auch auf Pyrit.

21. Die Widerlegung des gängigen Bedeutungsbegriffs

Im allgemeinen wird die Semantik als Lehre von den Bedeutungen umschrieben. So verstanden, schließt der Begriff der Bedeutung die Referenz, also die Beziehung zwischen einem

Wort und seiner Extension, ganz offensichtlich mit ein. Sprechen wir hingegen von der Synonymie zweier Ausdrücke, so meinen wir damit ihre Bedeutungsgleichheit in einem engeren Sinne von »Bedeutung«: Die zusammengesetzten Ausdrücke »Lebewesen mit Herz« und »Lebewesen mit Nieren«, haben zwar die gleiche Extension, aber sehr unterschiedliche Bedeutungen – Bedeutungen, für welche die Referenz ohne Belang bleibt. Diese weniger umfassende Form der Bedeutung bezeichnen wir üblicherweise als Begriff oder Intension. Putnam zufolge führte die im Gegensatz Extension/Intension verankerte Doppeldeutigkeit des Bedeutungsbegriffs in der Sprachphilosophie zu gewissen Konsequenzen. Da die traditionellen Philosophen einen Begriff als etwas Mentales (zum Beispiel als eine Vorstellung oder eine Idee) auffaßten, wurden erstens Bedeutungen ebenfalls als mentale Entitäten betrachtet. Damit ging zweitens die nie überprüfte Überzeugung einher, daß zwei Termini mit der gleichen Intension zwangsläufig auch dieselbe Extension haben. (PP2 217 f.)

Die Doppeldeutigkeit des gängigen Bedeutungsbegriffs gab deshalb zu zwei zentralen Thesen Anlaß: Die erste (i) besagt, daß das Kennen einer Bedeutung darin besteht, in einem bestimmten psychologischen Zustand zu sein. Wie Putnam zu Recht bemerkt, wurde beziehungsweise wird diese These nicht nur von denjenigen vertreten, die die Intension eines Wortes als etwas Mentales verstehen, sondern auch von antipsychologistischen Semantikern wie Frege oder Carnap. Diese halten Intensionen zwar für abstrakte Entitäten, die mehr als nur einer Person zugänglich sind und deshalb intersubjektiven Charakter haben. So sagt Frege, die mit einem Wort assoziierte Vorstellung sei subjektiv, während der Sinn (die Intension) eines Zeichens »gemeinsames Eigentum von vielen sein kann und also nicht Teil oder Modus der Einzelseele« ist.[80] Dennoch muß das geistige Erfassen – Frege spricht in diesem Zusammenhang vom »Auffassen« – einer solchen platonischen Intension natürlich ein mentaler Akt sein. (PP2 218, 222; RTH 27)

Die zweite These (ii) besagt, daß die Bedeutung (Intension) eines Ausdrucks dessen Extension festlegt. Sie folgt aus der erwähnten Auffassung, wonach zwei Termini mit unterschiedlicher Intension möglicherweise auf dieselben Dinge zutreffen, aber umgekehrt zwei Wörter mit verschiedenen Extension nie dieselbe Intension aufweisen. In seinem Aufsatz »The Meaning of ›Meaning‹« will Putnam nun zeigen, daß kein Bedeutungsbegriff die beiden gängigen Annahmen (i) und (ii) zu erfüllen vermag und daß die darauf aufbauende Sprachphilosophie deshalb zum Scheitern verurteilt ist. (PP2 219)

Zusammengenommen führen (i) und (ii) zu folgender Konsequenz: Der psychologische Zustand, der die Intension eines Ausdrucks ist oder diese verkörpert, legt die Extension des letzteren fest. Um das zu widerlegen, führt Putnam sein berühmt gewordenes Gedankenexperiment mit der Zwillingserde ein. Es geht von der Annahme aus, irgendwo existiere ein der Erde (mitsamt ihren Bewohnern) sehr ähnlicher Zwillingsplanet, der sich von der Erde allein dadurch unterscheidet, daß die dort als »Wasser« bezeichnete Flüssigkeit nicht aus H_2O, sondern aus XYZ besteht. Chemisch versierte Astronauten, die die Zwillingserde besuchen, würden dementsprechend sagen: »Auf der Zwillingserde referiert ›Wasser‹ auf XYZ«. Diese Aussage wäre nun auch im Jahre 1750 richtig gewesen, als noch kein Wissenschaftler einen Unterschied zwischen dem Wasser auf der Erde und demjenigen auf der Zwillingserde hätte ausmachen können. Obwohl sich also eine im Jahr 1750 lebende Person bei der Verwendung des Terminus »Wasser« im selben psychologischen Zustand befunden hätte wie ihr Doppelgänger auf der Zwillingserde, würde jene mit »Wasser« nicht auf denselben Stoff referiert haben wie dieser. (Das folgt aus der Kausaltheorie der Referenz, § 20.) Somit legt der psychologische Zustand, in dem sich ein Sprachbenützer gerade befindet, die Extension des betreffenden Wortes nicht fest. (PP2 223 f.; RTH 23)

Ein zweites Argument folgt im übrigen unmittelbar aus der These von der sprachlichen Arbeitsteilung (§ 18). In einer Gesellschaft, die eine Arbeitsteilung kennt, bildet sich zwangsläufig auch eine sprachliche Arbeitsteilung heraus: Es gibt zahlreiche Wörter, beispielsweise »Gold«, die im allgemeinen Gebrauch sind, deren Extension aber nur von den Experten bestimmt werden kann. Diejenigen, die mit Gold professionell zu tun haben (zum Beispiel Börsenhändler), müssen zwar die Bedeutung von »Gold« kennen, verlassen sich jedoch bezüglich der Kriterien zur eindeutigen Bestimmung dieses Edelmetalls auf Experten. Wenn ein Wort der sprachlichen Arbeitsteilung unterliegt, kann der seine Bedeutung ausmachende psychologische Zustand eines durchschnittlichen Sprachbenützers die Extension somit nicht festlegen. (PP2 229)

Beide Argumente widerlegen also die aus der Konjunktion von (i) und (ii) resultierende Auffassung, der psychologische Zustand eines Sprechers bestimme die Extension des von ihm gerade verwendeten Ausdrucks eindeutig. Welche Konklusionen haben wir bezüglich des Bedeutungsbegriffs daraus zu ziehen? Grundsätzlich stehen zwei Möglichkeiten offen: Einerseits könnten wir schließen, daß Wörter wie »Wasser« auf der Zwillingserde dieselbe Bedeutung, aber eine unterschiedliche Extension haben als auf der Erde. Andererseits könnten wir aber auch sagen, ein Unterschied in der Extension ziehe einen Unterschied in der Bedeutung nach sich. Im ersten Fall würden wir die These (ii) aufgeben, im zweiten hingegen die These (i). (PP2 234) Putnam entscheidet sich für die zweite Alternative. Der Verzicht auf (i) führt zu einer überraschenden Konsequenz: Bedeutungen können nicht dem Bereich des Mentalen angehören; sie befinden sich, wie Putnam lapidar feststellt, »nicht im Kopf«. (PP2 227) Was spricht jedoch dafür, gerade die These (i) aufzugeben?

22. Indexikalität und Bedeutungskomponenten

Wenn wir einer Person erklären wollen, was ein Wort wie
»Wasser«, »Zitrone« oder »Tiger« bedeutet, können wir ihr
entweder eine Beschreibung des betreffenden Stereotypen
geben (§ 19) oder uns einer sogenannten ostensiven Definition bedienen: Wir zeigen auf Wasser und sagen: »Das da ist
Wasser« oder »Diese Flüssigkeit da ist Wasser«. Der zweite
Fall macht klar, weshalb (ii) gegenüber (i) vorzuziehen ist.
Wenn wir der Einfachheit halber die Erde und die Zwillingserde des Gedankenexperimentes je als eine Welt betrachten,
kann eine ostensive Definition der Form »Das da ist Wasser«
im Prinzip auf zwei Arten interpretiert werden:

Für alle Welten W und für jedes Objekt x in W gilt: x ist genau dann Wasser, wenn x aus derselben Flüssigkeit besteht
wie der in W durch »Das da« bezeichnete Gegenstand

oder

Für alle Welten W und für jedes Objekt x in W gilt: x ist genau dann Wasser, wenn x aus derselben Flüssigkeit besteht
wie der in unserer Welt W_1 durch »Das da« bezeichnete Gegenstand.

Mit der Verwendung der ostensiven Definition zielen wir
laut Putnam stets auf die zweite Interpretation ab, wonach
die Referenz von »Wasser« nicht von Welt zu Welt wechselt,
sondern in allen Welten an die in W_1 als »Wasser« bezeichnete Flüssigkeit (H_2O) gebunden bleibt. Der Ausdruck
»Wasser« ist mit anderen Worten ein starrer Designator. So
nennt Kripke einen Terminus, der in jeder Welt, in der er
überhaupt ein Referenzobjekt hat, dasselbe Individuum
(hier also denselben Stoff) bezeichnet.[81] Folglich weisen die
Bezeichnungen für natürliche Arten eine versteckte indexikalische (ostensive) Komponente auf: Wasser ist jene Substanz, die mit der Flüssigkeit *in unserer näheren Umgebung*
identisch ist. Dementsprechend kann die Bedeutung eines

Terminus wie »Wasser« die Referenz ebensowenig determinieren wie diejenige eines offensichtlich indexikalischen Ausdrucks (»ich«, »dies« oder »hier«). (PP2 230 f., 234)

Die vorangehenden Überlegungen haben zwei Aspekte des Bedeutungsbegriffs, den Putnam herauszuschälen versucht, zum Vorschein gebracht: Erstens sind Bedeutungen keine mentalen Entitäten; und zweitens determinieren – er hält ja an der These (ii) fest – die Bedeutungen die Extensionen. Die einfachste Art, den extensionsbestimmenden Charakter der Bedeutungen zu gewährleisten, besteht nun einfach darin, die Extension selbst zu einem Bestandteil der Bedeutung zu erklären. Letztere legt dann die Referenz per definitionem fest. Der Preis, den Putnam für diese einfache Lösung zu bezahlen hat, ist ein Verlust an Einheitlichkeit: Eine Bedeutung ist kein homogenes Gebilde (wie etwa in einer psychologistischen Semantik), sondern zerfällt in mehrere, ihrem Wesen nach sehr unterschiedliche Komponenten. Um eine Bedeutung dennoch als eine *Entität* behandeln zu können, greift Putnam auf einen mengentheoretischen Begriff zurück; er setzt Bedeutungen mit geordneten n-Tupeln[82] gleich, deren eines Element die jeweilige Extension ist. (PP2 246) Diese Gleichsetzung führt im Hinblick auf die These (i) zur gewünschten Konsequenz: Als mengentheoretische, mithin abstrakte Objekte können Bedeutungen natürlich keine psychologischen Zustände sein.

Neben der Extension gehört selbstverständlich auch die Intension, d.h. die Theorie über den betreffenden Stereotypen (§ 19), zur Bedeutung in diesem erweiterten Sinne des Wortes. Darüber hinaus bringt Putnam noch zwei andere Komponenten in seinen Bedeutungsbegriff ein, nämlich die sogenannten semantischen und syntaktischen Marker. Der Begriff des semantischen Markers stammt von Jerry Fodor und Jerrold Katz und dient – gemeinsam mit demjenigen des syntaktischen Markers – Putnam dazu, seine sprachphilosophische Theorie einer empirischen Behandlung besser zugänglich zu machen. Er hat nämlich den empirischen Charakter seiner Bedeutungskonzeption stets hervorgehoben (§ 17), betont allerdings, es obliege nicht der Philosophie, herauszufinden, welche Merkmale dem Stereotypen im Einzelfall genau zukommen und wie die Stereotypen in einer einheitlichen Form dargestellt werden können. Das ist vielmehr die Aufgabe der empirischen Sprachwissenschaft, der Linguistik. (PP2 266 f.) Die Philosophie kann aber den Bedeutungsbegriff so definieren, daß der Linguistik diese Aufgabe leichter fällt. Und dazu sollen namentlich die semantischen Marker dienen.

Betrachtet man einen Stereotypen wie denjenigen eines Tigers genauer, so fällt auf, daß nicht alle seine Merkmale auf derselben Stufe stehen: Im Gegensatz zu den Eigenschaften, vier Beine zu haben, katzenähnlich zu sein oder ein gestreiftes Fell zu besitzen, hat das Merkmal, ein Tier (beziehungsweise ein Lebewesen) zu sein, offensichtlich einen qualitativ anderen Status. Während es nämlich ohne weiteres möglich ist, einen dreibeinigen, einen ungestreiften oder einen mißgebildeten (und deswegen nicht katzenähnlichen) Tiger anzutreffen, fällt es schwerer, uns vorzustellen, daß der Satz »Alle Tiger sind Tiere« falsifiziert werden könnte. Eine logische Unmöglichkeit ist es laut Putnam allerdings nicht: Denn es könnte sich – und diese Begründung ist für seine Art zu philosophieren typisch – herausstellen, daß alle Tiger Roboter sind.

Aber dennoch besteht zwischen den Eigenschaften, vier Beine zu haben und ein Tier zu sein, ein deutlicher Unterschied. Das Merkmal »Tier« gehört wie zum Beispiel auch »Lebewesen«, »Artefakt« oder »Zeitdauer« zu einem sehr allgemeinen sprachlichen Klassifikationssystem, das nur äußerst selten revidiert zu werden braucht. So wie es im Rahmen der Syntax üblich ist, Marker wie »Nomen« oder »Adjektiv« zu verwenden, empfiehlt es sich in der Semantik deshalb, gewisse Stereotypenmerkmale als besonders falsifikationsresistent auszuzeichnen. Putnam nennt sie in Anlehnung an Fodor und Katz »semantische Marker«. (PP2 267 f.)

Für die Linguistik sind sie deshalb von großer Bedeutung, weil sie die Etablierung eines allgemeinen Darstellungssystems von Stereotypen besonders erleichtern.

23. Die Bedeutung von »Bedeutung«

Damit verfügt Putnam über alle nötigen Elemente, um einen neuen Bedeutungsbegriff vorlegen zu können. Unter der Bedeutung eines Ausdrucks versteht er ein geordnetes Quadrupel, das sich aus den folgenden Komponenten zusammensetzt: erstens aus den syntaktischen Markern, zweitens aus den semantischen Markern, drittens aus den spezifischeren Merkmalen des Stereotypen und viertens aus der Extension. Die Extension eines Ausdrucks kann natürlich nicht im eigentlichen Sinne des Wortes *gegeben* werden; wenn wir eine Bedeutung – zum Beispiel zum Zweck eines Wörterbucheintrags – also in sprachlicher Form wiedergeben wollen, bleibt uns nichts anderes übrig, als die wesentliche Eigenschaft der Extension (falls wir sie überhaupt kennen) möglichst genau zu *beschreiben*. Eine solche Beschreibung wird dementsprechend wissenschaftlicher Art sein müssen. So werden wir die Bedeutung von »Wasser« etwa wie folgt wiedergeben: (1) syntaktische Marker: konkretes Nomen, Massenterminus; (2) semantische Marker: natürliche Art, Flüssigkeit; (3) spezifischere Merkmale des Stereotypen: farblos, durchsichtig, geschmacklos; (4) Extension: H_2O.

Außer der Extension (beziehungsweise der Beschreibung ihrer wesentlichen Eigenschaft) muß ein individueller Sprachbenützer alle Komponenten kennen, um das betreffenden Wort richtig verwenden zu können. Das gehört zu seiner sprachlichen Kompetenz. Wie die Überlegung zur Situation um 1750 gerade im Hinblick auf »Wasser« gezeigt hat, braucht auch die Sprachgemeinschaft als ganzes die wesentliche Eigenschaft der Extension nicht zu kennen, um mit einem Wort in eindeutiger Weise auf eine bestimmte Substanz zu referieren. Auf der Zwillingserde würde die Bedeutung von »Wasser« hinsichtlich der ersten drei Komponenten mit derjenigen des hiesigen Wortes übereinstimmen, während (4) anstatt »H_2O« die Beschreibung »XYZ« enthielte. Wir sehen also, daß zwei Kommunikationsteilnehmer mit denselben Sprachkenntnissen – mit demselben Wissen über (1), (2) und (3) – nicht unbedingt auf die gleiche Sache referieren, aber – in Übereinstimmung mit der These (ii) – zwei Termini mit unterschiedlicher Extension stets auch verschiedene Bedeutungen (im Sinne von (1) bis (4)) besitzen. (PP2 269 f.)

Putnams Beispiele orientieren sich zwar ausschließlich an den Bezeichnungen für natürliche Arten und physikalische Größen, aber er betont, seine Theorie der Bedeutung treffe auch auf andere Wortarten zu, und zwar sowohl auf die meisten Nomina (inklusive den Wörtern für Artefakte wie »Bleistift«, »Stuhl« oder »Flasche«) als auch auf Verben wie »wachsen« oder Adjektive wie »rot«. (PP2 242, 244)

24. Probleme

Obwohl Putnams Kritik an den überlieferten Bedeutungstheorien – also insbesondere Quines These der Untrennbarkeit von Sprache und Theorie sowie die unter anderem von Frege und Carnap vertretene Auffassung, daß die Bedeutung notwendige und hinreichende Kriterien für die Bestimmung der Extension beinhalte – sehr einleuchtend ist, weist sein eigener Vorschlag einige ernsthafte Mängel auf. Diese Schwierigkeiten hängen allesamt mit der vierten Bedeutungskomponente zusammen, der Extension.

Erstens nimmt Putnam für seine Bedeutungstheorie in Anspruch, empirisch zu sein. (§ 17) Das darf jedoch nicht nur heißen, daß ihre Grundzüge wissenschaftlich überprüft werden können. Ihr empirischer Charakter muß es vielmehr auch gestatten, die Bedeutungen der einzelnen Ausdrücke durch die uns bekannten wissenschaftlichen Methoden vollständig zu ermitteln. Ansonsten wäre beispielsweise die Behauptung, »Wasser« habe die und die Bedeutung, relativ zum aktuellen Wissensstand nicht durchweg empirisch, sondern zumindest teilweise dogmatisch; ansonsten hätten wir keine Möglichkeit, unseren eigenen Sprachgebrauch allein mit den uns zur Verfügung stehenden wissenschaftlichen Mitteln zu beschreiben. Offensichtlich läßt Putnams Theorie eine durchgängige empirische Behandlung von Bedeutungsfragen relativ zum jeweils aktuellen Wissensstand aber nicht zu:

Im Jahre 1750 hatte das Wort »Wasser« dieselbe Bedeutung wie heute. (PP2 224 f.) Da zu jener Zeit jedoch niemand die chemische Struktur, das »Wesen«, (PP2 235) dieser Substanz kannte, wußten damals weder die durchschnittlichen Sprachbenützer noch die Wissenschaftler über die Extension von »Wasser« Bescheid. In der Mitte des 18. Jahrhunderts war genau genommen niemand in der Lage, auch nur eine einzige Bedeutung der Bezeichnungen für natürliche Arten vollständig anzugeben. Und was damals für unzählige Ausdrücke galt, trifft selbst heute, da wir die physikalisch-chemische Struktur zahlreicher Substanzen kennen, immer noch auf viele Termini zu – »Mensch« oder »Gravitation« sind nur zwei Beispiele. Wir können zwar darauf hoffen, daß der wissenschaftliche Fortschritt das Wesen ihrer Extensionen entschlüsseln und somit *im nachhinein* eine empirische Darstellung sämtlicher uns bekannten Bedeutungskomponenten ermöglichen wird. Dies zeigt aber gerade, daß Putnams Theorie *für uns* – ebensowenig wie für die Sprachbenützer des Jahres 1750 – nicht durchweg empirisch ist. Und das hat wiederum eine wenig überzeugende Konsequenz: Man wird erst dann eine umfassende Beschreibung sprachlicher Bedeutungen vorlegen können, wenn die Naturwissenschaften über ein vollständiges Bild der Wirklichkeit verfügen.

Zweitens hebt, wie dieser letzte Punkt bereits zeigt, Putnams vierteiliger Bedeutungsbegriff die Unterscheidung zwischen sprachlichen und wissenschaftlichen Fakten in gewisser Weise wieder auf. Namentlich die Überlegungen zum Spracherwerb (§ 18) haben Putnam an der von Quine behaupteten Untrennbarkeit von Sprache und wissenschaftlicher Theorie zweifeln lassen und ihn dazu bewogen, mit seiner – im übrigen sehr überzeugenden – Stereotypenauffassung der Intension eine Alternative vorzulegen, welche die Bedeutung (im engen Sinne des Wortes) vom Zwang wissenschaftlicher Korrektheit befreit. Zudem hat er ausdrücklich betont, daß eine klare Trennung zwischen den Bedeutungen einerseits und den (wissenschaftlichen) Tatsachen andererseits für die Sprachphilosophie unerläßlich sei. (PP2 ix) Indem er sich jedoch für die These (ii) entscheidet (§§ 21, 22) und die Extension stipulativ zu einem Bestandteil der Bedeutung (im weiteren Sinne des Wortes) erklärt, bringt er die Wissenschaft durch die Hintertür wieder ins Spiel. Denn offensichtlich vermag nur eine sehr fortgeschrittene empirische Theorie zu bestimmen, was Extensionen ihrem Wesen nach sind. Sie allein kann darüber Auskunft geben, wie die Mikrostruktur der sprachlichen Referenzobjekte wirklich beschaffen ist und worauf wir mit unseren Wörtern eigentlich referieren. So gelangt die Bedeutung ungewollt wieder in den Kompentenzbereich der Wissenschaft.

Und drittens mißlingt die von Putnam beabsichtigte Umbewertung der Beziehung zwischen Extension und Intension. Einerseits hat er zu Recht eine namentlich von Frege und Carnap vertretene Auffassung kritisiert, wonach die Intension (Freges »Sinn«) die Extension vermittels notwendiger und hinreichender Bedingungen eindeutig festlegt. (§ 19) Über sich und andere realistisch[83] ausgerichtete Philosophen schreibt er deshalb: »Unlängst haben Realisten damit begonnen, ihre Bedeutungstheorie von neuem auszuarbeiten. Anstatt Bedeutungen als Entitäten zu betrachten, welche die Referenz festlegen, verstehen sie

sie jetzt als hauptsächlich durch die Referenz bestimmt und Referenz wiederum als vornehmlich durch kausale Verknüpfungen determiniert.« (PP2 x) Es entspricht also seiner erklärten Absicht, anstatt der Intension die Extension als grundlegende Bedeutungskomponente zu betrachten und dadurch die mit Freges und Carnaps Auffassung verbundenen Probleme zu beheben. Und gerade weil die Extension als fundamentales Element der Bedeutung zu gelten hat, können die anderen drei Bedeutungskomponenten nichts zur Festlegung der Referenz beitragen. Nun läßt sich aber andererseits anhand eines Beispiels zeigen, daß dies nicht immer stimmt.

Wasser und Eis haben dieselbe Mikrostruktur, nämlich H_2O, während den Wörtern »Wasser« und »Eis« unterschiedliche Bedeutungen zukommen. Putnams Kausaltheorie der Referenz zufolge hat aber alles als Wasser zu gelten, was dieselbe wesentliche Eigenschaft (chemische Struktur) aufweist wie der Stoff, auf den anläßlich der Einführung des Ausdrucks »Wasser« mit Hilfe der ostensiven Definition »Das da ist Wasser« verwiesen wurde. (§ 20) Um diese Schwierigkeit zu beheben, hat Putnam zwei Möglichkeiten. Entweder nimmt er in Kauf, daß gemäß seiner Theorie Eis Wasser ist, oder er muß einräumen, daß bei der ostensiven Definition der semantische Marker »Flüssigkeit« eine entscheidende Rolle spielt. Im ersten Fall wäre seine Theorie mit einer unhaltbaren Konsequenz konfrontiert, im zweiten käme hingegen der Intension der Vorrang gegenüber der Extension zu. Um die unerwünschte Konsequenz zu vermeiden, müßte die ostensive Definition nämlich durch den semantischen Marker »Flüssigkeit« ergänzt, also in »Diese *Flüssigkeit* da ist Wasser« umformuliert werden; da es sich aber bei »Flüssigkeit« um ein Merkmal des Wasserstereotypen und mithin um einen Teil der Intension handelt, kann der kausale Bezug zur Extension nicht ohne Zuhilfenahme der Intension geschaffen werden. Wie eine Textstelle nahelegt[84] würde sich Putnam für den zweiten Weg entscheiden und damit auf den Vorrang der Extension vor der Intension verzichten müssen.

Dagegen mag eingewendet werden, Eis und Wasser hätten genau genommen nicht dieselbe Mikrostruktur. Die Unzulänglichkeit von intensionsfreien ostensiven Definitionen der Art »Das da ist Wasser« hängt jedoch nicht vom genannten Gegenbeispiel ab. Sie kommt bei natürlichen Arten, die im Gegensatz zu chemischen Substanzen keinen homogenen Aufbau besitzen, noch deutlicher zum Vorschein: Da die Mikrostruktur von Organismen laut Putnam deren DNS ist, (PP2 142) haben ganze Tiger und einzelne Tigerzellen dieselbe wesentliche Eigenschaft; um zu verhindern, daß auch isolierte Tigerzellen zur Extension des Ausdrucks »Tiger« gezählt werden müssen, kommt man auch hier nicht um einen Rückgriff auf die Intension von »Tiger« herum (»Dieses *Säugetier* da ist ein Tiger«). Überdies bleibt im Rahmen der Putnamschen Bedeutungstheorie unklar, wie die Kausaltheorie der Referenz im Zusammenhang mit natürlichen Arten funktionieren soll, die per definitionem keine Mikrostruktur haben, nämlich den Elementarteilchen.

III. Wissenschaftstheorie

25. Wozu Wissenschaftstheorie?

Auf den ersten Blick könnte man dazu neigen, die Wissenschaftstheorie für ein ziemlich spezielles und hinsichtlich allgemeiner Problemstellungen wenig ergiebiges Teilgebiet der Philosophie zu halten. Dem ist nicht so. Gerade Putnams Aufsätze zur Wissenschaftstheorie zeigen, wie eng und erhellend deren Verbindungen zu anderen Bereichen der Philosophie sind. Unabhängig davon sprechen mindestens fünf (einander zum Teil allerdings ausschließende) Gründe dafür, wissenschaftstheoretischen Untersuchungen besondere Aufmerksamkeit zu schenken.

Erstens sind die Philosophie und die Wissenschaft aus derselben Wurzel entsprungen. Bis weit ins 17. Jahrhundert hinein waren beide zwei kaum voneinander zu unterscheidende Versuche, die Welt und uns selbst als Teil derselben zu verstehen, also – mit anderen Worten – die grundlegende Neugier des Menschen zu befriedigen. »Alle Menschen«, stellte schon Aristoteles fest, »streben von Natur aus nach Wissen«.[85] Philosophie und Wissenschaft sind Ausdruck dieses Strebens; ohne in der Abgrenzung ihrer Bereiche eine Aufgabe oder ein Problem zu sehen, bemühten sie sich über Jahrhunderte gemeinsam darum, Antworten auf unsere Fragen zu finden, unser Wissen zu systematisieren und unser Verständnis der Welt zu vertiefen. So lassen sich noch zwischen Descartes' und Newtons Werken keine grundsätzlichen Unterschiede in der Problemstellung oder Methode ausfindig machen. (§ 13) Erst mit der nach Newton einsetzenden Mathematisierung und Spezialisierung der Wissenschaft begannen die beiden Unterfangen, eigene Wege zu gehen. Insofern dürfte eine Theorie der Wissenschaft auch ein neues Licht auf die Philosophie werfen.

In methodischer Hinsicht setzte die Wissenschaft nach Newton zunehmend auf zwei Verfahren: die Klassifikation und das Experiment. Und dank einer rigorosen Beschränkung ihrer jeweiligen Untersuchungsbereiche brachte sie neue, eigenständige Disziplinen wie die Physik, die Chemie oder die Biologie hervor, die schnell große Erkenntnisgewinne zu erzielen vermochten. Offenbar setzt der wissenschaftliche Fortschritt eine derartige Beschränkung beziehungsweise Spezialisierung voraus.[86] Letztere hatte aber zur Folge, daß allgemeinere Fragen nach dem Verhältnis zwischen Mensch und Außenwelt aus dem Untersuchungsbereich der empirischen Wissenschaften verdrängt worden sind. Als Teilgebiet der Philosophie kann die Wissenschaftstheorie diese Lücke teilweise schließen. Indem sie der Frage nachgeht, wie empirische Theorien entstehen und was sie zu leisten vermögen, ergänzt sie unser Wissen über die Außenwelt durch Erkenntnisse über das *Verhältnis* dieses Wissens zur Wirklichkeit. Die Bedeutung der Wissenschaftstheorie liegt also zweitens darin, daß sie das menschliche Streben nach Wissen selbst zum Untersuchungsgegenstand erhebt und dadurch den Menschen in dessen eigenes Weltbild einbezieht.

Drittens rückte mit dem Aufkommen der Verifikationstheorie der Bedeutung die Frage nach der Überprüfung unserer Aussagen beziehungsweise nach der empirischen Verankerung unserer Begriffe in den Vordergrund. Dadurch bekam die Wissenschaftstheorie für die Semantik große Bedeutung. Zwar ließen die Kritiken Quines und Putnams (§§ 16, 17) Zweifel an der Richtigkeit der Verifikationstheorie aufkommen. In ihren alternativen Auffassungen nimmt die Wissenschaft jedoch eine ebenso wichtige Rolle ein: Während Quine Sprache und Theorie für untrennbar hält und damit die Semantik zu einem Teil der Wissenschaftstheorie macht, weist Putnam mit seiner These der sprachlichen Arbeitsteilung (§§ 18, 21) den Experten und damit der Wissenschaft eine wichtige semantische Aufgabe zu. Auch die Tatsache, daß bei Putnam die Extension eines Ausdrucks durch die Mikrostruktur der betreffenden natürlichen Art mitbestimmt wird, weist auf die Abhängigkeit der Semantik von den Erkenntnissen empirischer Theorien hin. (§ 24)

Im Anschluß an Quines Dogmenkritik entstand unter der Bezeichnung »Naturalismus« eine neue Konzeption der Erkenntnistheorie, wonach die Wissenschaft selbst, und nicht die Philosophie, über erkenntnistheoretische Fragen zu entscheiden habe. Da es nach Quine unmöglich ist, einen Satz isoliert zu überprüfen, (§ 16) kann es seines Erachtens auch keinen erkenntnistheoretischen Reduktionismus geben – worunter er die These versteht, daß sich jeder sinnvolle Satz auf einen Satz über unmittelbare sinnliche Erfahrungen zurückführen läßt. Ohne Reduktion verliert aber die philosophische Erkenntnistheorie als Versuch, empirisches Wissen anhand der Sinneserfahrung zu erklären oder zu rechtfertigen, ihre Daseinsberechtigung. An ihre Stelle tritt gemäß Quine die empirische Psychologie, welche die Beziehung zwischen den Wahrnehmungen eines menschlichen Subjekts und dessen Beschreibungen der Außenwelt wissenschaftlich untersucht.[87] So wird die Erkenntnis- beziehungsweise Wissenschaftstheorie naturalisiert und ihrerseits zu einer empirischen Theorie: »The science of science is a science«,[88] schreibt Quine pointiert. Dieser Naturalismus oder Szientismus (wie ihn Putnam nennt) wird mittlerweile von vielen angelsächsischen Philosophen vertreten. Für sie besteht das Lösen philosophischer Probleme einfach darin, ein besseres wissenschaftliches Weltbild zu schaffen. Philosophie hat ihrer Meinung nach bloß die (in einem engeren Sinne des Wortes) wissenschaftstheoretische Aufgabe vorwegzunehmen, *wie* die Wissenschaft die philosophischen Fragen beantworten wird. (RR 107; RPY x, 2) Viertens gilt also zahlreichen zeitgenössischen Autoren die Wissenschaftstheorie geradezu als Paradigma der Philosophie.

Und fünftens brachte die Wissenschaft von Anfang an kontraintuitive Resultate hervor, die nach einer philosophischen Interpretation verlangen. So löste bereits Kopernikus' heliozentrische Astronomie, die der alltäglichen Beobachtung zu widersprechen schien, eine ganze Reihe philosophischer Reaktionen aus. Namentlich die rationalistisch ausgerichteten Philosophen werteten die kopernikanische Wende als Indiz dafür, daß den alltäglichen Überzeugungen nicht getraut werden darf. Sie glaubten deshalb, unser Wissen über die Welt auf eine unerschütterliche Grundlage stellen zu müssen. Descartes' Forderung, nach klaren und distinkten Ideen Ausschau zu halten, und sein »Cogito ergo sum« waren zwei der Prinzipien, die der Rationalismus zu diesem Zweck ins Feld führte. Und im zwanzigsten Jahrhundert brachte die Quantentheorie mit dem Teilchen-Welle-Dualismus ein schwerwiegendes Problem hervor, welches zu unterschiedlichsten philosophischen Deutungen Anlaß gab.[89]

26. Was ist eine empirische Theorie?

Die wissenschaftliche Tätigkeit beschränkt sich nicht einfach darauf, Beobachtungen zu machen und Daten (das heißt Beschreibungen in Form sogenannter Beobachtungssätze) zu sammeln. Zwar bildet dieses *fact-gathering*, wie Thomas Kuhn es nennt,[90] den historischen und systematischen Ausgangspunkt der Wissenschaft, doch hat es damit nicht sein Bewenden. Letztere strebt vielmehr danach, die Daten zu *ordnen*. Die Bemühung um systematische Darstellung des Wissens ist geradezu ihr Hauptmerkmal und das, was empirische Forschung eigentlich ausmacht.[91] Systematisierung besteht einerseits darin, die gemachten Beobachtungen nach Ähnlichkeitsgesichtspunkten zu klassifizieren. Dabei muß natürlich vorausgesetzt werden, daß die Fähigkeit, die Ähnlichkeit unterschiedlicher Wahrnehmungen zu erkennen, dem Menschen angeboren ist. Ansonsten wäre es uns ja auch nicht möglich, etwas zu lernen, Verhaltensweisen auszubilden oder aus vergangenen Erfahrungen induktive Schlüsse zu ziehen.[92] Vor dem Aufkommen der Genetik beschränkte sich das Systematisieren in der Botanik und der Zoologie im wesentlichen auf solche Klassifikationen.

Daten zu ordnen, bedeutet aber andererseits vor allem auch, Theorien zu konstruieren. Theorien sind keine bloßen Klassifikationen, sondern logisch geordnete Systeme, in denen zwischen den einzelnen Beschreibungen induktive und deduktive Zusammenhänge bestehen. Um derartige Zusammenhänge schaffen zu können, benötigt eine Theorie mehr als nur Beobachtungssätze. Sie ist auf Hypothesen und Gesetze (d.h. theoretische Sätze) angewiesen, welche dank ihrer Allgemeinheit die einzelnen Daten in einheitlicher Form zusammenzufassen vermögen. Wie im übrigen bereits die Ausführungen in Paragraph 16 haben erkennen lassen, wird eine empirische Theorie als Menge von logisch miteinander verknüpften Sätzen aufgefaßt. Ob dazu auch die Aussagen der Mathematik und der Logik selbst zu zählen sind, wie Quine annimmt (§ 16), hängt vom jeweiligen wissenschaftstheoretischen Standpunkt ab.

In formaler Hinsicht hat eine Theorie Ähnlichkeit mit den Axiomensystemen, wie wir sie aus der Logik und der Mathematik kennen. Dort unterscheidet man zwischen den Axiomen oder Postulaten eines Systems und den Theoremen, welche mit Hilfe von Schlußregeln aus den Axiomen abgeleitet werden können. Den Axiomen, die nicht zu beweisen, sondern Ausgangspunkt aller logisch-mathematischer Beweise sind, entsprechen in einer empirischen Theorie die allgemeinsten Gesetze der betreffenden Disziplin (zum Beispiel der Energieerhaltungssatz in der Physik oder das Gesetz von Preis, Angebot und Nachfrage in der Ökonomie). Den Theoremen kann hingegen keine einheitliche Klasse von Aussagen zugeordnet werden. Aus den allgemeinsten Gesetzen einer Theorie lassen sich nämlich sowohl speziellere theoretische Sätze wie Hypothesen oder empirische Gesetze (diese beschreiben Regelmäßigkeiten in den Phänomenen selbst; siehe das Beispiel in § 27) als auch Voraussagen – also Beobachtungssätze – deduzieren.

Neben diesen Ableitungen vom Allgemeinen zum Besonderen existieren im Aussagengeflecht einer Theorie wie gesagt auch induktive Beziehungen. Denn jeder Systematisierungsversuch kann einzig und allein von Beobachtungssätzen ausgehen: Gesetze und Hypothesen lassen sich der Natur nicht direkt entnehmen, sondern müssen durch Verallgemeinerungen induktiv aus den vorgängig gesammelten Daten erschlossen werden.[93] Die so gewonnenen theoretischen Sätze sollten nicht nur die gesammelten Daten implizieren, sondern darüber hinaus auch weitere Beobachtungssätze (die Voraussagen) nach sich ziehen, die sich empirisch beziehungsweise experimentell überprüfen lassen.[94] Stimmen die Voraussagen mit den neuen Beobachtungen überein, gilt die Theorie als bewährt. »Bewährt« bedeutet jedoch nicht dasselbe wie »wahr« oder »verifiziert«, da spätere Experimente die Theorie noch immer falsifizieren können.[95] Trifft eine Voraussage nicht zu, ist mindestens ein theoretischer Satz falsch. Um welche Aussage es sich dabei handelt, steht von vornherein allerdings nicht fest. (§ 16)

Obwohl man normalerweise sowohl bei Deduktionen als auch bei Induktionen von »Schlüssen« spricht, haben die beiden Verfahren einen unterschiedlichen logischen Status. Nachdem es Frege, Russell und Whitehead gelungen war, die deduktive Logik vollständig zu formalisieren, kam im Wiener Kreis die Hoffnung auf, etwas Analoges sei auch im Falle der induktiven Logik möglich. Und da induktive Verallgemeinerungen für die Bildung von Hypothesen, Gesetzen und ganzen Theorien von großer Wichtigkeit sind, glaubten die Mitglieder des Wiener Kreises, durch die vollständige Formalisierung der induktiven Logik gleichzeitig auch *die* wissenschaftliche Methode ein für allemal exakt definieren zu können. Überlegungen von Nelson Goodman haben aber später gezeigt, daß eine derartige Formalisierung prinzipiell nicht geleistet zu werden vermag und induktive Schlüsse folglich nicht im strengen Sinne des Wortes als »logisch« geltend können. (Siehe § 40) Wegen der unterschiedlichen Verläßlichkeit deduktiver und induktiver Folgerungen ist die Systematisierung wissenschaftlicher Daten also kein Unterfangen, das strengen methodischen Regeln gehorcht. Vielmehr spielen beim Erstellen und Bewerten von Theorien auch unformalisierbare Werte wie die Einfachheit, Plausibilität oder Schönheit der Systematisierung eine Rolle.[96]

27. Empirismus und Realismus

Die Tatsache, daß die empirische Forschung über das Sammeln und Aneinanderreihen von Beobachtungssätzen hinausgeht und mit theoretischen Sätzen wie Hypothesen oder Gesetzen operiert, hat zu einem langen wissenschaftstheoretischen Streit über den Status der letzteren geführt. Diese Kontroverse, die auch heute noch andauert, wird im wesentlichen durch zwei entgegengesetzte Standpunkte geprägt, den Empirismus und den Realismus. Während letzterer davon ausgeht, daß die theoretischen Sätze als Beschreibungen der Wirklichkeit verstanden werden müssen, hält sie der Empirismus lediglich für ein Mittel zur Voraussage neuer Beobachtungen. Der Empirismus bestreitet, daß sie einen Wahrheitswert besitzen und die in ihnen enthaltenen theoretischen Termini eine selbständige Bedeutung haben beziehungsweise auf beobachtungsunabhängige Dinge referieren.[97]

Der Gegensatz zwischen Empirismus und Realismus läßt sich auch anders skizzieren: Jenem zufolge bleibt die wissenschaftliche Forschung auf die Untersuchung beobachtbarer Phänomene und deren Beziehungen untereinander beschränkt; dieser sieht die Aufgabe der Wissenschaft indessen darin, die *Ursachen* solcher Phänomene und Beziehungen zu erforschen.[98] Aus realistischer Sicht ist also die unabhängig von unserer Erfahrung existierende Welt »hinter« den beobachtbaren Phänomenen das eigentlich Reale und somit der Gegenstand der Wissenschaft. Die empiristische Beschränkung geht demgegenüber mit der Überzeugung einher, daß über die Welt »hinter« den Phänomenen – falls sie überhaupt existiert – nichts Sinnvolles gesagt werden kann. Dementsprechend sind für den Empiristen die theoretischen Sätze, die wegen ihrer Allgemeinheit ja keine Einzelphänomene beschreiben, weder wahr noch falsch. Und wenn in ihnen Termini auftreten, welche (wie beispielsweise die Ausdrücke »Elektron« und »schwarzes Loch«) keine Bezeichnungen für beobachtbare Gegenstände sind, so referieren diese nicht: Es gibt keine unbeobachtbaren Objekte, über die sich etwas sagen ließe.

Dem Alltagsverstand mag der Empirismus sonderbar scheinen. Aber keine andere Konzeption hat die Wissenschaftstheorie so nachhaltig beeinflußt wie er. Von wenigen Ausnahmen wie etwa William Whewell abgesehen, vertraten bis zum Zweiten Weltkrieg die meisten Philosophen einen empiristischen Standpunkt. Dazu zählen August Comte, John Stuart Mill, Ernst Mach, Henri Poincaré, Pierre Duhem und die Mitglieder des Wiener Kreises.[99] Ein Grund liegt unter anderem wohl darin, daß in der mit der Wissenschaftstheorie eng verwandten Erkenntnistheorie lange Zeit kantische und humesche Positionen vorherrschten. Zwar unterscheiden sich die erkenntnistheoretischen Systeme Kants und Humes sehr stark voneinander, doch stützen letztlich beide eine empiristische Haltung. Kant geht nämlich von einer strikten Trennung zwischen den Erscheinungen (Phänomenen) und den Dingen an sich aus und argumentiert, daß nur erstere Gegenstand der Wissenschaft sein können,[100] während Hume mit seiner Kritik am Kausalitätsbegriff die Existenz realer Beziehungen zwischen den Objekten unserer Wahrnehmungen bestreitet und somit nur die Beziehungen zwischen den Wahrnehmungen selbst als mögliches Thema empirischer oder philosophischer Untersuchungen anerkennt.[101]

Nach gängiger Auffassung hat die Wissenschaft vor allem die Aufgabe, die Welt erklären und verstehen zu helfen. Für einen Realisten besteht das Erklären oder Verstehen von Phänomenen darin, ein anschauliches Modell der ihnen zugrundeliegenden, unbeobachtbaren Realität zu schaffen. So wird es ihm beispielsweise im Falle der Gastheorie nicht genügen, bloß die Regelmäßigkeiten im beobachtbaren Verhalten von Gasen in Form entsprechender Hypothesen oder Gesetze zu beschreiben. Er wird also ein empirisches Gesetz wie »Das Volumen eines Gases ist umgekehrt proportional zu seinem Druck« nicht als *Erklärung* des beobachtbaren Geschehens anerkennen, sondern vielmehr danach fragen, *warum* das Produkt von Volumen und Druck konstant bleibt. Aus seiner Sicht besitzt man erst dann eine Erklärung, wenn einem ein Modell über das »Wesen« von Gasen – zum Beispiel ein Modell, wonach es sich bei Gasen nicht um homogene Substanzen, sondern um Schwärme durcheinanderfliegender und miteinander kollidierender Teilchen handelt – zur Verfügung steht, welches das beobachtbare Geschehen als das Resultat unbeobachtbarer, aber anschaulicher Vorgänge zu erkennen gibt.[102] Der realistischen Wissenschaftskonzeption zufolge muß das Modell dann als Beschreibung der »hinter« den Phänomenen liegenden Realität betrachtet werden.

Solange sich die von einem solchen Modell postulierten Entitäten (im Falle der Gastheorie also die unsichtbaren Gasmoleküle) nicht beobachten lassen, kann dem Empirismus zufolge nicht von einer Beschreibung der Realität gesprochen werden. Für den Empiristen ist der Gebrauch von Modellen ohnehin nur dann nützlich, wenn sie es gestatten, mehr Phänomene miteinander in Beziehung zu setzen als die üblichen, direkt aus den Beobachtungen gewonnenen Gesetzmäßigkeiten. Im allgemeinen wird er aber dafür plädieren, in der Wissenschaft auf Modelle gänzlich zu verzichten. So scheint namentlich Duhem die Auffassung zu vertreten, daß der Gebrauch von Modellen für den wissenschaftlichen Fortschritt hinderlich sei, weil er eine einheitliche (symbolische) Darstellung des physikalischen Wissens verunmögliche: Zur Veranschaulichung unterschiedlicher Theorien würden nämlich jeweils unterschiedliche, miteinander unverträgliche Modelle verwendet.[103] Dem Empirismus zufolge besteht keine grundsätzliche Differenz zwischen Erklärungen einerseits und erfolgreichen Voraussagen zukünftiger Beobachtungen andererseits:[104] Eine wissenschaftliche Theorie beschränkt sich auf die Darstellung gesetzmäßiger Zusammenhänge zwischen den Phänomenen und ist im Grunde genommen nichts anderes als ein Instrument zur Voraussage der letzteren.[105]

28. Konventionalistischer und operationalistischer Empirismus

Der Empirismus gab bis in die fünfziger Jahre in der Wissenschaftstheorie den Ton an. Putnams Lehrer Hans Reichenbach sowie Adolf Grünbaum vertaten – wenn auch aus unterschiedlichen Motiven (PP1 121) – eine empiristische Doktrin, die unter dem Namen »Konventionalismus« bekannt geworden ist.[106] (PP1 83, 93, 98) Putnam hat in einer Reihe von Aufsätzen als einer der ersten Wissenschaftstheoretiker die Ansichten Reichenbachs und Grünbaums kritisiert und dabei seinerseits einen realistischen Standpunkt eingenommen. Die Arbeiten Reichenbachs und Grünbaums

beziehen sich vor allem auf Albert Einsteins Relativitätstheorie im allgemeinen und die sogenannte Raum-Zeit-Me-
trik im besonderen; sie sind dementsprechend ziemlich tech-
nisch. Die folgende Darstellung muß sich deshalb auf einige
allgemeine Punkte beschränken.

In seiner speziellen Relativitätstheorie von 1905 hatte
Einstein[107] den bis dahin gängigen Begriff der Gleichzeitigkeit als unzutreffend zurückgewiesen. Dieser beruhte auf
der Illusion, uns sei aufgrund unserer Erlebnisse von vornherein klar, wann zwei Ereignisse als gleichzeitig zu gelten
hätten. Die Illusion, schreibt Einstein, lag ihrerseits darin
begründet, »daß wir in der Alltags-Erfahrung die Ausbrei-
tungszeit des Lichtes vernachlässigen können. Wir pflegen
daher ›gleichzeitig sehen‹ und ›gleichzeitig geschehen‹ nicht
zu unterscheiden.«[108] Er sah sich deshalb dazu gezwungen,
den Begriff zu Gleichzeitigkeit – besonders hinsichtlich
räumlich weit auseinanderliegender Ereignisse – genauer zu
fassen (hier steht absichtlich »genauer zu fassen« anstatt »zu
definieren«). Und das läßt sich nur dadurch bewerkstelligen,
daß man auf den Begriff der Uhr, also auf den Begriff eines
abgeschlossenen Systems mit periodischem Ablauf zurückgreift. Nur wenn man den Zeit- beziehungsweise Gleichzeitigkeitsbegriff zur Zeit*messung* in Beziehung setzt und ihm
so eine »empirische Deutung« (Einstein) gibt, erlangt er die
für die Physik erforderliche Genauigkeit. In der speziellen
Relativitätstheorie hatte diese Präzisierung den Verzicht auf
den absoluten Gleichzeitigkeitsbegriff zur Folge: Zwei Ereignisse, die aus der Sicht eines Beobachters gleichzeitig
stattfinden, geschehen für einen relativ zu ihm bewegten
zweiten Beobachter nacheinander.

Einsteins Interpretation seiner eigenen speziellen Relativitätstheorie hat zahlreiche Wissenschaftstheoretiker beeinflußt und in ihrer empiristischen Haltung bestärkt.[109] Wenn
nämlich der Begriff der Zeit den Begriff der Uhr (oder der
Begriff des Raumes den Begriff des starren Maßstabs[110]) voraussetzt, liegt der Gedanke nahe, daß sich die in einer physi-

kalischen Theorie auftretenden Termini wie »Zeit« und »Raum« nicht auf die Zeit und den Raum als reale Entitäten, sondern im Grunde genommen auf Uhren und Maßstäbe beziehen. Diese Position wurde in den zwanziger Jahren von dem späteren Nobelpreisträger Percy W. Bridgman eingenommen und von ihm selbst »Operationalismus« genannt, weil seiner Meinung nach die Bedeutung von Ausdrücken wie »Zeit« oder »Raum« durch die entsprechenden Meßoperationen (an und mit den Uhren und Maßstäben) bestimmt wird. Sie ist insofern empiristisch, als sie die beobachtungsunabhängige Existenz von Zeit und Raum bestreitet und sich auf die Beschreibung von Phänomenen wie beispielsweise der Zeigerstellungen einer Uhr beschränkt.

Reichenbach und Grünbaum verfechten, wenn auch in verfeinerter Form, im wesentlichen eine operationalistische Auffassung. (PP1 90, 121) Im Gegensatz zu Bridgman und in Anlehnung an Einstein heben sie hingegen den konventionellen Charakter der theoretischen Begriffe wissenschaftlicher Theorien ausdrücklich hervor: So sind zum Beispiel die Begriffe von Raum und Zeit das Produkt (willkürlicher) Definitionen beziehungsweise Konventionen.[111] Einstein sagt in der Tat, der Begriff der Zeit werde »durch Definition festgesetzt«[112]; er glaubt also nicht, mit seiner speziellen Relativitätstheorie so etwas wie das Wesen der Zeit *entdeckt* zu haben. (PP1 114)

Im Prinzip hat jedoch auch Bridgmans Operationalismus einen konventionalistischen Charakter, da er die Bedeutung eines theoretischen Begriffs wie »elektrische Ladung« mit dem *gleichsetzt*, was aus der Messung von elektrischer Ladung resultiert. Für ihn ist also die Tatsache, daß ein bestimmtes Meßgerät (zum Beispiel ein Voltmeter) gerade elektrische Ladung (und nicht eine andere physikalische Größe) mißt, nicht empirischer, sondern definitorischer Natur. (PP1 131) Und das gilt für den Operationalismus und Konventionalismus ganz allgemein: Die Frage, welche Phänomene (oder Operationen) welchen theoretischen Begriffen zugeordnet sind, hat nicht empirischen, sondern stipulativen Charakter. (PP1 206) Mit dieser Zuordnung wird die Bedeutung theoretischer Begriffe zudem vollständig bestimmt; deren Bedeutungen erschöpfen sich also in den betreffenden Definitionen oder Operationen. (PP2 162 f.)

29. Putnams Gegenargumente

Die konventionalistische beziehungsweise operationalistische Form des Empirismus stellte den Versuch dar, die Aussagen über Raum, Zeit, elektrische Ladung und andere physikalische Größen vollständig, das heißt ohne Bedeutungsverlust in Aussagen über sogenannte Observable (beobachtbare Phänomene) wie etwa die Anzeige eines Voltmeters zu *übersetzen.* Diesem Versuch liegt laut Putnam nun erstens eine falsche Bedeutungstheorie zugrunde. Es trifft zwar zu, daß wir Hypothesen über unbeobachtbare Größen wie beispielsweise den Raum anhand passender Beobachtungen überprüfen. Das heißt allerdings nicht, daß solche Behauptungen dasselbe bedeuten wie Sätze über Observable. (PP1 131) Denn falls man die Bedeutung eines theoretischen Terminus mit den empirischen Belegen (also dem, was wir zur Überprüfung der Hypothese benötigen) gleichsetzte, dann würde jede Veränderung an der Theorie die Bedeutung der in ihr verwendeten Begriffe ändern. (PP2 ix) Und das hätte wiederum die Untrennbarkeit sprachlicher und empirischer Tatsachen zur Folge. Letzteres kann jedoch, wie Putnam in einem anderen Zusammenhang dargelegt hat, nicht der Fall sein. (§§ 18, 20)

In Wahrheit besteht für uns nur darum ein Zusammenhang zwischen dem Zeigerausschlag eines Voltmeters einerseits und dem Vorhandensein einer elektrischen Ladung andererseits, weil wir vorgängig eine ganze Theorie akzeptiert haben, welche unter anderem auch eine Beschreibung des

Voltmeters und seiner Funktionsweise enthält. Keine Konvention, sondern die von uns verwandte Theorie legt folglich fest, daß das betreffende Meßgerät elektrische Ladung und nicht irgendeine andere physikalische Größe mißt. (PP1 131; PP2 viii) Messungen spielen in wissenschaftlichen Theorien somit keine grundlegende, unanalysierbare Rolle. Sie bilden vielmehr nur eine (wenn auch sehr wichtige) Teilmenge aus der Menge aller physikalischen Wechselwirkungen. Und als solche können sie natürlich ihrerseits zum Gegenstand wissenschaftlicher Untersuchungen werden. (Dafür liefert von Neumanns Analyse des Meßbegriffs in der Quantenmechanik ein prominentes Beispiel.) »Messung« kann mit anderen Worten in einer leistungsfähigen Theorie kein undefinierter Terminus sein. (PP1 132, 147)

Zweitens wendet Putnam ein, daß für den Operationalismus und Konventionalismus zahlreiche interessante physikalische Grenzfälle keinen Sinn machen. Ein Empirist dieser Prägung muß beispielsweise die Vorstellung eines leeren Universums als unverständlich zurückweisen, da für ihn der Begriff des Raumes von der Existenz materieller Maßstäbe abhängt. Dasselbe gilt natürlich auch für Welten, die nur ein elektromagnetisches Feld oder nur ein Gravitationsfeld enthalten. Ähnliche Schwierigkeiten ergeben sich auch im Zusammenhang mit dem Zeitbegriff: Dem Empirismus zufolge macht der Zeitbegriff in einem Universum ohne Relativbewegungen keinen Sinn, weil man in ihm die Zeit gar nicht zu *messen* vermag.

Dem hält Putnam engegen: Wenn wir zur Beschreibung unseres Universums die Zeit oder die elektrische Ladung als theoretische Größe einmal eingeführt haben, können wir ohne weiteres von logisch oder physikalisch möglichen anderen Welten sprechen, in denen sich die Zeit oder die elektrische Ladung zwar nicht messen läßt, aber dennoch ganz bestimmte Werte annimmt. Empiristische Argumente haben also im wesentlichen die folgende Form: Weil die Zeit nur mit Hilfe von Relativbewegungen (in Uhren) definiert werden kann, ist Zeit ohne Relativbewegung unvorstellbar. Die Zeit ist jedoch nach Putnam gar nicht *definiert*. Wir vermögen sie zwar nur mit Hilfe von Relativbewegungen zu messen; sie kann aber – und das ist für sich genommen bereits ein drittes Argument gegen den Empirismus – nicht durch unzeitliche Begriffe definiert werden. Spekulationen über leere oder bewegungslose Universen sind also gerade deshalb sinnvoll, weil keine Beziehung zwischen temporalen und atemporalen Begriffen besteht. Im übrigen verwenden die Physiker solche Spekulationen tatsächlich, und zwar um gewisse interessante Grenzfälle zu beschreiben. (PP1 211-214) Der Empirismus wird also der wissenschaftlichen Praxis nicht gerecht.

Drittens fußen der Konventionalismus und der Operationalismus auf der für den gesamten Empirismus typischen strikten Trennung zwischen Beobachtungstermini einerseits und theoretischen Termini andererseits. Erstere beziehen sich unmittelbar auf beobachtbare Dinge, während letzteren nur indirekt eine Bedeutung zukommt. Ausdrücke wie »Raum« oder »elektrische Ladung« referieren nämlich nicht auf selbständige Entitäten oder »intrinsische Eigenschaften« (PP1 206) der Realität, sondern in mittelbarer Weise ebenfalls auf Observable. Beide empiristischen Doktrinen decken sich in diesem Punkt mit einer einflußreichen Auffassung Carnaps, wonach es sich bei Theorien bloß um teilweise interpretierte Axiomensysteme handelt, in welchen nur Beobachtungstermini wie »rot« oder »berührt«, aber nicht theoretische Ausdrücke wie »Elektron« oder »Gen« direkt interpretiert sind. (Zur Analogie zwischen Theorien und Axiomensystemen siehe § 26.)

Aus vier Gründen erweist sich jene Trennung aber als unhaltbar. Zum einen gibt es keinen einzigen Beobachtungsterminus, der nicht auch auf Unbeobachtbares angewendet werden kann. So hat Newton beispielsweise behauptet, Licht bestehe aus *roten* Korpuskeln. Wenn also »Beobachtungsterminus« als »Term, der nur auf Observable referiert«

definiert wird, gibt es gar keine Beobachtungstermini; wenn der Empirist aber eingesteht, daß wir Beobachtungstermini auch auf Unbeobachtbares beziehen können, ist nicht einzusehen, weshalb wissenschaftliche Theorien überhaupt *theoretische* Termini enthalten sollten. Zum zweiten sind zahlreiche psychologische Ausdrücke, die wie »verärgert« oder »liebt« auf Unbeobachtbares referieren, nicht theoretisch (§ 9); darüber hinaus existieren zahlreiche Ausdrücke, die wie »natürlicher Satellit« zwar theoretisch sind, sich aber auf beobachtbare Dinge beziehen. Zum dritten enthalten Beobachtungssätze häufig theoretische Termini. Und zum vierten gibt es wissenschaftliche Theorien, die sich wie Darwins Evolutionstheorie nur auf Observable beziehen. (PP1 217-219)

30. Die Kritik an Popper

Mit seiner einflußreichen *Logik der Forschung* hat Karl Popper eine neue wissenschaftstheoretische Tradition begründet, gemäß der die Falsifikation als zentrale Methode der Wissenschaft zu gelten hat. (§ 26) Popper wirft den klassischen Ansätzen vor, Theorien im allgemeinen und Hypothesen im besonderen für wahrheitsfähig zu halten. Um aber seines Erachtens eine Hypothese oder ein Naturgesetz gerechtfertigterweise als »wahr« bezeichnen zu können, müßten wir über ein verläßliches Induktionsprinzip verfügen, welches uns den Schluß von besonderen auf allgemeine Aussagen gestattet. Da seiner Meinung nach ein solches Prinzip seinerseits nur durch ein übergeordnetes Prinzip gerechtfertigt werden könnte, ständen nur zwei Wege offen: Entweder müßte letzteres apriori sein oder aber ebenfalls gerechtfertigt werden. Den ersten Fall schließt Popper aus: In der Tradition Humes stehend hält er Erfahrung für die einzige Quelle unseres Wissens, sei dieses empirischer, sei es methodologischer Natur. Und der zweite Fall führt zu einem unendlichen Regreß. Also kann es kein legitimiertes Induktionsprinzip und mithin auch keine wahren allgemeinen Sätze (Hypothesen oder Gesetze) geben.

Anders verhält es sich laut Popper hingegen mit der Falsifikation. Es ist möglich, einen allgemeinen Satz zu widerlegen, indem man aus ihm einen als Voraussage fungierenden besonderen Satz (in Poppers Terminologie: Basissatz) ableitet: Stimmt dieser nicht mit der Erfahrung überein, ist jener falsifiziert. Die Wissenschaft erzielt ihren Fortschritt folglich dadurch, daß sie stets neue Hypothesen und Theorien mit Hilfe von Voraussagen überprüft und nur an den nichtfalsifizierten festhält. Die allgemeinen Sätze, die zahlreichen Überprüfungen (Falsifikationsversuchen) standhalten, sind zwar weder wahr noch wahrscheinlich wahr, aber *besser* als die falsifizierten Aussagen. (PP1 251-253)

Nach Popper sind Verifikation und Falsifikation also nicht symmetrisch. Jene kann nur vorübergehende Gültigkeit beanspruchen, während diese endgültige Entscheidungen zuläßt. Die Asymmetrie besteht allerdings nur deshalb, weil gemäß Popper eine Hypothese beziehungsweise eine Theorie überprüfbare Basissätze *logisch impliziert*. Laut Putnam trifft letzteres indessen nicht zu. Er zeigt das am wichtigen Beispiel der Newtonschen Gravitationstheorie, die im wesentlichen aus den drei Bewegungssätzen und dem Gesetz besteht, daß die gegenseitige Anziehungskraft zweier Körper proportional zu dem mit der Gravitationskonstanten multiplizierten Produkt ihrer Massen und umgekehrt proportional zum Quadrat ihres Abstandes ist. Da die Gravitationskräfte nicht direkt meßbar sind, lassen sich aus der Newtonschen Theorie nämlich genau genommen keine Voraussagen ableiten. Dazu sind vielmehr gewisse vereinfachende Zusatzannahmen erforderlich. Wenn wir die Theorie auf eine astronomische Situation anwenden wollen und beispielsweise Aussagen über die Erdumlaufbahn machen möchten, nehmen wir die folgenden Annahmen zu Hilfe:

I) Außer der Sonne und der Erde existieren keine weiteren Himmelskörper.

II) Sonne und Erde sind von einem vollkommenen Vakuum umgeben.

III) Auf die Sonne und die Erde wirken lediglich die gegenseitigen Anziehungskräfte ein.

Erst gemeinsam mit diesen Zusatzbehauptungen impliziert die Gravitationstheorie gewisse empirische Gesetze wie etwa diejenigen Keplers.[113]

Nun könnte eingewendet werden, Putnams Punkt sei bloß terminologischer Art, weil man auch die Konjunktion der vier Newtonschen Gesetze und der drei Zusatzannahmen als »Theorie« bezeichnen könnte und dann eine umfassendere Theorie hätte, die – wie das Popper voraussetzt – tatsächlich gewisse Voraussagen impliziert. Dem ist aber nicht so, da die Newtonschen Gesetze einerseits und die Annahmen I)-III) andererseits einen völlig anderen Status besitzen. Von jenen erwarten wir nämlich, daß sie *wahr* sind, während wir von I)-III) bereits wissen, daß sie falsch sind. Es gibt selbstverständlich mehr als zwei Himmelskörper und so weiter. Wir nehmen lediglich an, die von den anderen Himmelskörpern verursachten Gravitationskräfte seien schwach genug, um im konkreten Anwendungsfall vernachlässigt werden zu können.

Da sich nun aber die Newtonschen Gesetze und die Annahmen I)-III) in ihrem Status unterscheiden, werden beim Nichteintreffen einer Voraussage eher die Zusatzbehauptungen revidiert als die Theorie selbst. Als beispielsweise die Voraussagen bezüglich der Umlaufbahn des Planeten Uranus nicht mit den Beobachtungen übereinstimmten, zog man daraus nicht den Schluß, Newtons Theorie sei falsch. Man nahm vielmehr an, daß die entsprechenden Zusatzannahmen unvollständig waren, und postulierte deshalb die Existenz eines weiteren, jenseits des Uranus kreisenden Planeten, um die fehlende Übereinstimmung zu erklären. Das prominente Beispiel der Newtonschen Gravitationstheorie zeigt also, daß eine Theorie beziehungsweise ein allgemeines Gesetz nicht ohne weiteres falsifiziert werden kann – selbst wenn sich die Voraussagen als fehlerhaft erweisen. Die Falsifikation kann mithin ebensowenig als endgültige Methode gelten wie die Verifikation. (PP1 255-257)

31. Kontextuelles Apriori

Gewisse Aussagen einer Theorie – zum Beispiel das Gravitationsgesetz in Newtons Mechanik – sind also nicht ohne weiteres falsifizierbar. Wie verträgt sich diese Einsicht mit der Behauptung Quines (§ 16), grundsätzlich seien alle Sätze der Wissenschaft revidierbar? Aus der Geschichte der Physik wissen wir, daß sich sogar Newtons Gravitationsgesetz, das während Jahrhunderten unangefochten blieb, als falsch herausgestellt hat: Einsteins allgemeine Relativitätstheorie widerlegte die Newtonsche Mechanik. Insofern hat Quine recht. Die Situation erweist sich allerdings, wie Putnam betont, als komplizierter.

Er stimmt zwar mit Quine darin überein, daß es in den Wissenschaften keine unrevidierbaren, absoluten oder notwendigen Wahrheiten gibt. Selbst so allgemeine und unproblematisch wirkende Aussagen wie »Jedes Ereignis hat eine Ursache«, »Der Raum hat drei Dimensionen« oder die Prinzipien der Euklidschen Geometrie können sich als falsch erweisen. Indessen besteht laut Putnam zwischen solchen Aussagen – er nennt sie »Rahmenwerksprinzipien« – und den gewöhnlichen empirischen Verallgemeinerungen wie »Säugetiere legen keine Eier« ein großer Unterschied. Er grenzt sich damit gegen zwei extreme Auffassungen ab: gegen diejenige der radikalen Empiristen wie Quine, die alle theoretischen (allgemeinen) Sätze für jederzeit revidierbar halten, und gegen diejenige der Konventionalisten (§ 28), welche einen Satz wie »Der Raum hat drei Dimensionen« als eine Definition von »Raum« und dementsprechend als apriori betrachten. (PP1 88)

Nach Putnam sind die Rahmenwerksprinzipien nämlich kontextuell apriori (PP3 95), d.h. relativ zu einer wissenschaftsgeschichtlichen Epoche beziehungsweise relativ zu einem gewissen Erkenntnisstand unrevidierbar. (PP1 240) Kontextuell apriorische Sätze können nicht allein aufgrund von Beobachtungen widerlegt werden, sondern nur durch das zusätzliche Auftauchen einer neuen Theorie. Vor der Erfindung einer solchen neuen Theorie weisen sie eine Art von Apriorität auf. (PP2 28 f., 46; PP3 95) Der Gegensatz zum radikalen Empirismus und zum Konventionalismus läßt sich am Beispiel der geometrischen Prinzipien gut erörtern.

Vor der Entwicklung nicht-euklidscher Geometrien durch Bolyai, Lobatschewski und Riemann im neunzehnten Jahrhundert (§ 14) hielten alle Wissenschaftler und Philosophen die Euklidschen Postulate für apriori. Sie konnten mit anderen Worten nicht an ihrer Wahrheit zweifeln. Nachdem Lobatschewski und Riemann Geometrien gekrümmter Räume vorgelegt hatten, trat aber eine andere Situation ein. Plötzlich erhob sich die Frage, ob der physikalische Raum, in dem wir leben, euklidisch sei oder nicht. Der deutsche Mathematiker Carl Friedrich Gauß führte als erster ein entsprechendes Experiment durch: Er maß die Innenwinkelsumme eines großen, durch drei Bergspitzen bestimmten Dreiecks aus.[114] Da die Innenwinkelsumme eines Dreiecks in einem gekrümmten Raum nicht 180° beträgt (sondern je nach Art der Krümmung größer oder kleiner ist), glaubte er, die Frage so beantworten zu können. Im Rahmen der Meßgenauigkeit vermochte er keine Abweichung von 180° festzustellen (in der Tat wissen wir heute, daß sich die Krümmung des physikalischen Raumes erst bei astronomischen Distanzen bemerkbar macht, dieser also lokal im wesentlichen euklidisch ist).

Das Gaußsche Experiment beruht allerdings auf der stillschweigenden Annahme, daß sich Licht auf Geraden (kürzesten Verbindungslinien) bewegt. So schreibt Reichenbach in diesem Zusammenhang: »Man mißt die Winkel zwischen zwei voneinander entfernten Gegenständen, indem man sie durch Fernrohre anvisiert, die auf einem Sextanten oder ähnlichen Instrument befestigt sind. Man benutzt also die Lichtstrahlen, die von den Gegenständen zu dem Visierinstrument gehen, als eine Definition der Dreiecksseiten.«[115] Die Annahme, die in Gauß' Experiment einfließt, weist nun laut Putnam aber gerade auf die Inadäquatheit des radikalen empiristischen Standpunktes hin. *Vor* der Entwicklung nicht-euklidscher Geometrien wäre das Experiment – selbst wenn es ein von 180° abweichendes Resultat ergeben hätte – nämlich unter keinen Umständen als mögliche Falsifikation der Euklidschen Prinzipien anerkannt worden;[116] man hätte aus einem entsprechenden Ergebnis vielmehr den Schluß gezogen, daß sich Licht nicht auf Geraden bewegt. Euklids Prinzipien waren folglich bis ins achtzehnte Jahrhundert tatsächlich apriori, d.h. unrevidierbar. (PP1 88-90, 243; PP2 46-48)

Diese Konklusion akzeptieren die Konventionalisten allerdings nicht. Für sie legte die Euklidsche Geometrie vor Lobatschewski und Riemann die Bedeutung von Termini wie »Gerade«, »Dreieck« oder »Raum« eindeutig fest. Wenn man also heute – im Anschluß an Einsteins allgemeine Relativitätstheorie – davon spricht, der physikalische Raum sei gekrümmt, so hat man ihrer Meinung nach einfach die Bedeutung dieser geometrischen Ausdrücke geändert. (PP1 88 f., 241) Da das Wort »Raum« seine Bedeutung gewechselt hat, handelt es sich den Konventionalisten zufolge bei »Der Raum ist euklidisch« vor und nach Lobatschewski und Riemann somit nicht um dieselbe Behauptung. Sie bestreiten also, daß sich eine ehemals apriorische Aussage später als empirisch (und falsch![117]) erwiesen hat. Denn falls der Satz »Der Raum ist euklidisch« seine alte Bedeutung behalten hätte, wäre er auch heute noch notwendigerweise wahr. (PP1 248)

Im Falle eines Ausdrucks wie »Gerade« mag, so schreibt Putnam, das konventionalistische Argument zwar stimmen. Da wir den Charakter des physikalischen Raumes mit Hilfe eines anderen, auf dem Begriff des Ortes (Volumens) beruhenden Experimentes bestimmen könnten, trifft es jedoch nicht zu. Denn angenommen, unser Universum sei stark positiv gekrümmt[118] – dann enthält es nur endlich viele verschiedene Orte. Und falls wir über entsprechend schnelle Raumschiffe verfügten, ließe sich das zumindest prinzipiell empirisch verifizieren. In diesem Beispiel kann aber nicht sinnvollerweise behauptet werden, der Begriff des Ortes habe in der Euklidschen und der Riemannschen Geometrie unterschiedliche Bedeutungen. (PP1 89, 240 f.) Folglich ist *nach* dem Auftreten alternativer Geometrien der Satz »Der Raum ist euklidisch« unter gewissen Umständen trotz des konventionalistischen Einwandes zumindest im Prinzip empirisch überprüfbar. Das ist die Doktrin des »kontextuellen Apriori«.

32. Transtheoretische Termini

Wie wir gesehen haben (§ 29), sind theoretische Termini wie »Raum« oder »Zeit« nicht in eindeutiger Weise definiert. Dementsprechend kann eine physikalische Größe nur mehr oder weniger genau gemessen werden. Die Art, wie wir sie messen, darf also – entgegen dem, was die Operationalisten glauben – nicht als ihre Definition betrachtet werden. Putnam vertritt mit anderen Worten einen realistischen und keinen empiristischen Standpunkt: Physikalische Größen existieren unabhängig von Beobachtern und Messungen. Deshalb ist es seiner Meinung nach ja auch möglich, von einem Universum zu sprechen, in dem beispielsweise nur ein elektromagnetisches Feld, aber keine Maßstäbe und Uhren existieren. Die Ausführungen zum kontextuellen Apriori (§ 31) haben zudem erkennen lassen, daß selbst so allgemeine Aussagen wie »Der Raum hat drei Dimensionen« oder »Der Raum ist euklidisch« nicht den Charakter absolut unrevidierbarer Definitionen besitzen, sondern sich unter Umständen – wenn wir über eine alternative Theorie beziehungsweise Geometrie verfügen – sehr wohl als falsch herausstellen können. Eine wissenschaftliche Theorie enthält somit keinerlei Definitionen im strengen Sinne des Wortes und keinerlei Aussagen, welche die Bedeutung von Ausdrücken wie »Raum« oder »elektrische Ladung« vollumfänglich und ein für allemal festlegen. Mit der Entstehung neuer Theorien *wächst* vielmehr unser Wissen über die beobachtungsunabhängigen Objekte, von denen in der Wissenschaft die Rede ist.

Hier zeigt sich eine Analogie zu Putnams Sprachphilosophie: Eine Bedeutung ist für ihn bekanntlich keine Menge notwendiger und hinreichender Kriterien, welche die Referenz des betreffenden Ausdrucks eindeutig bestimmt; (§ 19) sie kann vielmehr auch Merkmale enthalten – im Falle von »Tiger« beispielsweise die Eigenschaft, gestreift zu sein (§ 18) –, die einigen Referenzobjekten *nicht* zukommen. Die Aussage »Alle Tiger sind gestreift« darf deshalb nicht als analytisch gelten. Das ändert jedoch nichts an der Tatsache, daß das Wort »Tiger« auf Tiger referiert. Etwas Vergleichbares trifft offensichtlich auch auf theoretische Termini wie »Raum« oder »Elektron« zu: Obwohl die Annahme, der Raum sei euklidisch, im achtzehnten Jahrhundert zur wissenschaftlichen Konzeption des Raumes gehörte, sich aber im Lichte der allgemeinen Relativitätstheorie als falsch erwies, referierte der Ausdruck »Raum« schon vor Lobatschewski, Riemann und Einstein auf diejenige Entität, von der auch die allgemeine Relativitätstheorie spricht.

Daß Elektronen Partikeln mit einem wohlbestimmten Ort und einem wohlbestimmten Impuls seien, gehörte in Bohrs früher Atomtheorie von 1911 zum Begriff des Elektrons; und obwohl diese Annahme späteren Einsichten nicht standzuhalten vermochte, bezog sich der Ausdruck »Elektron« schon 1911 auf Elektronen im heutigen Sinne des Wortes. Bohr schrieb ihnen damals einfach unzutreffende Eigenschaften zu. Bei »Raum« oder »Elektron« handelt es sich also um sogenannte transtheoretische Termini, die in verschiedenen Theorien auf dieselben Objekte referieren. Würde man im Anschluß an Thomas Kuhn, Paul Feyerabend oder die Konventionalisten (§ 28) das Innehaben eines wohlbestimmten Ortes und Impulses jedoch als definitorisches Merkmal von Elektronen betrachten, müßte man angesichts der späteren Erkenntnisse einräumen, daß der Terminus »Elektron« in der Theorie von 1911 nicht referierte, da es – wie wir heute wissen – gar keine Partikeln im Bohrschen Sinne gibt.[119] (PP2 ix, 196 f., MMS 22 f.) Eine solche Auffassung hätte einen unheilvollen Lawineneffekt zur Folge: Da wir unsere gegenwärtigen Theorien in Zukunft sicher auch revidieren werden, müßten wir den heute verwendeten theoretischen Termini in einigen Jahren folglich auch jegliche Referenz absprechen und so weiter.[120]

Aus einer realistischen Sicht, wonach wissenschaftliche Theorien die »hinter« den Phänomenen angesiedelten, unabhängig von Beobachtungen und Messungen existierenden Objekte zum Gegenstand haben, (§ 27) können wir jedoch ohnehin nicht davon ausgehen, daß unsere Theorien diese uns nicht direkt zugänglichen Objekte *vollständig* oder *exakt* beschreiben. Deshalb lehnt es ein Realist wie der frühe Putnam ja auch ab, die Bedeutungen der betreffenden theoretischen Termini durch Definitionen ein für allemal festlegen zu wollen. Und so vermögen sich natürlich verschiedene Theorien auf dieselben beobachtungsunabhängigen Objekte (zum Beispiel Elektronen) zu beziehen, obwohl jene ihnen unterschiedliche, mitunter sogar unverträgliche Eigenschaften zuschreiben. Für die theorienübergreifende Referenz von Ausdrücken wie »Elektron« oder »kinetische Energie« spricht, nebenbei bemerkt, auch die Kausaltheorie der Referenz. (§ 20; PP2 199-202)

Das Vorhandensein transtheoretischer Termini und mithin theorienübergreifender Referenzbeziehungen ist zudem auch wichtig, um ein zentrales wissenschaftshistorisches Faktum erklären zu können: den Fortschritt beziehungsweise die Konvergenz wissenschaftlicher Theorien. (MMS 20 f.) Wer nämlich – wie beispielsweise Kuhn – behauptet, man könne den wissenschaftlichen Untersuchungsobjekten keine von der jeweiligen Theorie unabhängige Existenz zuschreiben,[121] muß in Kauf nehmen, daß einander ablösende Theorien (etwa die Newtonsche Mechanik und die allgemeine Relativitätstheorie) über gänzlich unterschiedliche Dinge sprechen, sich also quasi auf verschiedene »Welten« beziehen.[122] Damit fällt aber natürlich die Möglichkeit weg, die wissenschaftliche Entwicklung als *Verbesserung* der theoretischen Beschreibungen einer beobachtungsunabhängigen Realität zu verstehen. Ohne transtheoretische Referenz verliert der grundlegende Begriff des wissenschaftlichen Fortschritts also jegliche Bedeutung.

33. Wahrheit und empirischer Realismus

Für eine adäquate Darstellung des wissenschaftlichen Fortschritts ist neben dem Begriff der Referenz auch derjenige der Wahrheit wichtig. Da ein Empirist bestreitet, daß theoretische Termini auf beobachtungsunabhängige Objekte referieren und theoretische Sätze einen Wahrheitswert haben, (§ 27) läßt sich der wissenschaftliche Fortschritt für ihn bestenfalls an den gemeinsamen Beobachtungssätzen messen: Wenn er der Tatsache Rechnung tragen will, daß eine Nachfolgetheorie besser ist als ihre Vorgängerin (zum Beispiel Einsteins Relativitätstheorien im Vergleich zur Newtonschen Mechanik), muß er annehmen, die erstere impliziere die meisten Beobachtungssätze der letzteren. Faktisch tun die Wissenschaftler bei einem Theorienwechsel jedoch etwas anderes: Sie versuchen, möglichst viele Gesetze (also theoretische Sätze) der alten Theorie als approximativ wahr in die neue hinüberzuretten. Konvergenz beruht mit anderen Worten nicht auf einem Maximum an gemeinsamen Beobachtungssätzen, sondern darauf, daß die alten Gesetze zu Grenzfällen der neuen werden. (MMS 20; RHF 130) Und in der Tat hatte Putnams Kritik an Poppers Falsifikationsmethode (§ 30) die höhere Vertrauenswürdigkeit der Gesetze im Vergleich zu den Zusatzannahmen (Randbedingungen) bereits erkennen lassen: Im Zweifelsfall hält man das Gesetz (den allgemeinen Satz) und nicht die Randbedingungen oder Beobachtungssätze (die besonderen Aussagen) für wahr.

Letzteres weist auf die unersetzbare Rolle hin, die die Begriffe der Wahrheit und Falschheit bei der rationalen Kritik und der Beurteilung wissenschaftlicher Theorien spielen (PP2 x) Einzelne Gesetze und ganze Theorien werden von der wissenschaftlichen Gemeinschaft deshalb verworfen oder akzeptiert, weil sie im Gegensatz zu ihren jeweiligen Alternativen falsch oder wahr sind.[123] Einem Empiristen steht eine derartige Erklärung der Theorienevaluation aber nicht zur Verfügung. Er muß vielmehr auf andere Bewertungskriterien wie etwa die Einfachheit einer Theorie oder deren Eigenschaft, erfolgreiche Voraussagen zu implizieren, zurückgreifen. Diese Kriterien vermögen allerdings, wie Putnam argumentiert, der ihnen vom Empirismus überantworteten Aufgabe nicht gerecht zu werden. Denn sie nehmen im Rahmen der empiristischen Wissenschaftstheorie zwar die Rolle des Wahrheitsbegriffs ein, ihnen fehlen jedoch dessen entscheidende Eigenschaften: Wenn zwei Theorien T_1 und T_2 jeweils wahr sind, so ist auch deren Konjunktion T_1 & T_2 wahr; wenn hingegen T_1 und T_2 jeweils zu erfolgreichen Voraussagen führen, folgt daraus nicht, daß auch T_1 & T_2 erfolgreiche Voraussagen nach sich zieht. Die Möglichkeit, Theorien oder Theorienteile miteinander logisch zu verknüpfen, ist aber unentbehrlich, wenn wissenschaftliche Erkenntnisse *kumulierbar* bleiben sollen. (PP2 210 f.)

Der wissenschaftliche Fortschritt und die wissenschaftliche Praxis beruhen also darauf, daß einzelne Gesetze und ganze Theorien zumindest approximativ wahr sind und von Zeit zu Zeit durch noch zutreffendere Gesetze und Theorien abgelöst werden: Die Wissenschaft ist eine Annäherung an die Wahrheit (PP1 xiii); sie versucht, die Wahrheit zu maximieren. (PP2 212) Unsere Sprache und unser Denken stimmen mit anderen Worten asymptotisch mit der Realität überein. (PP2 290) Das heißt allerdings nicht, daß erfolgreiche Voraussagen für empirische Theorien belanglos sind. Nur richtet sich das Interesse der Forschung nicht primär auf erfolgreiche Voraussagen, sondern darauf, wahre Theorien aufzustellen; und dabei fällt den Voraussagen die Aufgabe zu, als Indiz für die Wahrheit oder Falschheit einer Theorie zu dienen.[124] Offensichtlich liegt hier eine Form von Zirkularität vor: Ohne die Begriffe der Wahrheit und Falschheit läßt sich der Erfolg der Wissenschaft nicht erklären; umgekehrt bestärkt uns der Erfolg der Wissenschaft im Glauben an die (zumindest approximative) Wahrheit unserer Theorien. (PP1 269; PP2 209 f.)

Die Konzeption der approximativen Wahrheit, die sich sowohl auf ganze Theorien als auch auf einzelne Gesetze anwenden läßt, hält Putnam zu Recht für unproblematisch. Sie besagt, daß die von einer Theorie – zum Beispiel in Form von Gleichungen – postulierten Beziehungen nicht exakt, sondern nur innerhalb eines festgelegten Fehlerbereichs gelten. (PP2 118) Approximativ wahre Gesetze führen typischerweise zu Voraussagen, die auf mehrere Stellen hinter dem Komma genau mit den effektiv gemessenen Werten übereinstimmen. (MMS 61) Da die Semantik des Ausdrucks »approximativ wahr« den Begriff der Wahrheit voraussetzt, (PP2 x, Anm. †) läßt diese Umschreibung bereits erkennen, was Putnam hier unter »Wahrheit« verstanden haben möchte – nämlich Übereinstimmung mit der Realität. Sein wissenschaftstheoretischer Realismus operiert also mit dem klassischen Korrespondenzbegriff der Wahrheit. (PP2 178; MMS 18, 30 f.; PP3 viii)

Wie diese Ausführungen gezeigt haben, beruht die Erklärung des wissenschaftlichen Fortschritts und Erfolgs auf zwei realistischen Überzeugungen: (1) Die Termini einer wissenschaftlichen Theorie referieren (auch wenn sich die theoretischen Beschreibungen der Realität im Lichte einer späteren, besseren Theorie als unzutreffend erweisen sollten); (2) die Gesetze einer wissenschaftlichen Theorie sind approximativ wahr. (PP2 290; MMS 20) Damit die Aussagen (1) und (2) wirklich als *Erklärung* dienen können, müssen sie wahr und mithin ihrerseits Beschreibungen der Realität sein, zu welcher auch wir als Wissenschaftler oder Beobachter gehören. (PP1 vii) Folglich ist der Realismus selbst eine – wenn auch sehr allgemeine – empirische Hypothese beziehungsweise Theorie. (MMS 4, 19 f.) Putnam hat diesen Standpunkt an einigen Stellen treffend als »empirischen Realismus« bezeichnet: »Der ›empirische Realismus‹ ist eine Auffassung, wonach die Existenz der Außenwelt durch die Erfahrung auf dieselbe Weise bestätigt wird wie eine wissenschaftliche Theorie durch Beobachtungsdaten.« (PP2 342) Der empirische Realismus geht somit Hand in Hand mit der Einsicht, daß die Wissenschaft im Grunde genommen keiner philosophischen Reinterpretation bedarf, sondern selbst zum Nennwert genommen werden kann – die zum Nennwert genommene Wissenschaft *impliziert* eine realistische Haltung. (MMS 37)

IV. Interner Realismus

34. Die Wende in Putnams Denken

In dem 1976 verfaßten Aufsatz »Realism and Reason« hat Putnam seine Auffassung bezüglich der Realismusproblematik (§§ 27, 29, 32, 33) grundlegend geändert und eine neue Position eingenommen, die er als internen Realismus bezeichnet.[125] Diese Wende in seinem Denken (»the turn in my thinking«, MMS viii, 5) betrifft jedoch nicht nur – wie es die Bezeichnung vielleicht nahelegt – wissenschaftstheoretische Fragen, sondern seine philosophische Haltung im allgemeinen. Der interne Realismus geht, wie sich noch zeigen wird, mit einem Philosophieren ohne Fundamente (Letztbegründungen) und ohne Dichotomien – beispielsweise derjenigen zwischen Fakten und Werten oder derjenigen zwischen Erscheinung und Realität – einher. (MFR 28 f.; RR 4; RHF 162) Mit dem internen Realismus distanziert sich Putnam insbesondere von seiner früheren Neigung (§§ 6, 17, 33), die Probleme der Geistes-, Sprach- und Wissenschaftsphilosophie letztlich für empirische Fragen zu halten, die naturwissenschaftlich entscheidbar sind: »Philosophen sollten Essays schreiben und nicht wissenschaftliche Theorien aufstellen.« (PP3 199) Er setzt die Philosophie neuerdings im wesentlichen mit der Theorie der menschlichen Rationalität gleich und betrachtet sie dementsprechend als eine geisteswissenschaftliche Disziplin – was jedoch nicht heißt, daß sie auf *Erklärungen* verzichten sollte. (PP3 179, 202; RR 109)

Nach seiner Neuorientierung hat sich Putnam zum Ziel gesetzt, zwischen dem klassischen Realismus (den er vorher bis zu einem bestimmten Grad selbst vertreten hat) und dem klassischen Antirealismus einen dritten Weg einzuschlagen. Unter »klassischem Realismus« versteht er den sogenannten metaphysischen Realismus. Er charakterisiert diesen als eine Auffassung, die den Wahrheitsbegriff mit vier Merkmalen assoziiert: Korrespondenz (Wahrheit als Übereinstimmung von Satz und Tatsache beziehungsweise von Theorie und Realität), Unabhängigkeit (die Wahrheit ist unabhängig von dem, was wir durch die wissenschaftliche Forschung faktisch herausfinden oder potentiell herausfinden könnten), Bivalenz (jeder Satz ist entweder wahr oder falsch) und Einzigkeit (es kann höchstens eine vollständige und wahre Beschreibung der Realität geben). Dem metaphysischen Realismus zufolge dienen diese Merkmale einerseits als methodologische Prinzipien für das sich fortwährend entwickelnde wissenschaftliche Weltbild, andererseits aber auch als metaphysische Annahmen, die die Möglichkeit einer wissenschaftlichen Lösung aller philosophischen Probleme gewährleisten. Der metaphysische Realist geht nämlich von der Idee aus, daß die Lösung sämtlicher philosophischer Probleme in der Konstruktion eines besseren wissenschaftlichen Weltbildes besteht; er ist mit anderen Worten nicht gewillt, der Philosophie eine normative, interpretative oder gar letztbegründende Aufgabe einzuräumen. Seiner Ansicht nach kann die Arbeit eines Philosophen eigentlich nur darin bestehen, ein guter Futurist zu sein – also bereits heute zu antizipieren, *wie* die Wissenschaft unsere philosophischen Probleme lösen werde. (RR 107)

Unter »klassischem Antirealismus« versteht Putnam hingegen den Kulturrelativismus Feyerabendscher Prägung. (MFR 1) Dieser beruht auf einer Annahme, wonach weder die Wissenschaft noch die Rationalität (die Verwendung gewisser allgemeiner Regeln und Werte) eine Geltung beanspruchen können, die über den soziokulturellen Rahmen (Feyerabend nennt diesen »Tradition«) der jeweiligen Menschengruppe hinausgeht. Rationalität ist weder die Bedingung noch das Produkt der Wissenschaft, sondern – wie letztere selbst auch – lediglich eine besondere Denk- und Handlungsform (Tradition), die mit anderen Traditionen auf derselben Stufe steht.[126] Wahrheit scheidet somit als Kriterium zur Beurteilung konkurrierender Weltbilder aus und verliert überdies – zumindest nach Putnams Auslegung des Kulturrelativismus (RR 109) – auch innerhalb einer Tradition ihren objektiven Charakter, da sie nur noch von dem abhängt, was eine Mehrheit der betreffenden Menschengruppe *glaubt.*

Der interne Realist geht hingegen davon aus, daß Wahrheit und Referenz der begrifflichen Relativität unterworfen sind: Der Begriff eines Objektes und der Begriff der Existenz werden faktisch in mannigfaltiger Weise verwendet und haben deshalb keine absolute Bedeutung. Die Frage »Welche Objekte existieren *wirklich?*« macht somit keinen Sinn. Nur relativ zu einem vorgängig festgelegten Begriffssystem läßt sich überhaupt bestimmen, was existiert. Steht das Begriffssystem aber einmal fest, so hängt die Wahrheit von Aussagen in keiner Form mehr von sozialen Übereinkünften oder gar von demokratischen Mehrheiten ab. Putnam veranschaulicht diesen Punkt an einem einfachen Beispiel: Wenn ich eine Person in einen Raum führe, der lediglich einen Stuhl, einen Tisch, eine Lampe, einen Notizblock und einen Kugelschreiber enthält, und sie frage, wieviele Gegenstände sich in diesem Raum befänden, wird sie mir offensichtlich keine objektiv richtige Antwort geben können: Fallen die beiden anwesenden Personen auch darunter? Gelten die einzelnen Seiten des Notizblocks je als Gegenstand? Und so weiter. Ihre Antwort hängt vielmehr davon ab, was in der betreffenden Situation mit dem Begriff eines Gegenstandes gemeint ist. (MFR 17-20, 32 f.; RR 109-112; RHF 97 f.; siehe § 37)

Nach seiner Wende hat Putnam behauptet, früher ein metaphysischer Realist gewesen zu sein. (MMS 129) Diese Selbsteinschätzung ist allerdings problematisch, da sehr zweifelhaft scheint, ob er damals wirklich alle vier für den metaphysischen Realismus typischen Merkmale des Wahrheitsbegriffs akzeptierte. Denn er trat zwar eindeutig für eine Korrespondenztheorie (§ 33) und das Bivalenzprinzip (PP1 vii) ein, lehnte jedoch die Annahme, es könne nur eine wahre Gesamttheorie der Welt geben (Einzigkeit), zumindest an einer Stelle (MMS 50) ab.[127] Und vor allem nahm er in bezug auf das vierte Merkmal – daß Wahrheit vom gegenwärtigen Stand unseres Wissens unabhängig ist – einen moderaten, aber keinen radikal metaphysischen Standpunkt ein: Er sagte zwar einerseits, daß Sätze auch dann wahr oder falsch sind, wenn wir ihren Wahrheitswert noch gar nicht kennen.[128] Der von ihm vor der Wende vertretene empirische Realismus (§ 33) operierte jedoch nicht mit einem die mögliche menschliche Erkenntnis übersteigenden Wahrheitsbegriff. Der empirische Realismus unterscheidet sich vom metaphysischen nämlich gerade dadurch, daß eine ideale wissenschaftliche Theorie nicht falsch sein kann.[129] (PP3 13, 18) Bis zu einem gewissen Grad beinhaltet die von Putnam nach der Wende eingeleitete Abgrenzung vom metaphysischen Realismus aber trotzdem eine Selbstkritik.

35. Gehirne in einem Tank

Für den metaphysischen Realisten sind Wahrheit und Referenz eng miteinander verknüpft. Er betrachtet beides als ein für allemal festgelegte Relationen zwischen der Sprache (einzelnen Ausdrücken, Sätzen und ganzen Theorien) einerseits und der beobachtungsunabhängigen Welt (den Objekten, natürlichen Arten und Tatsachen) andererseits. (MMS 124 f.; PP3 viii) Diese Relationen bestehen seines Erachtens auch dann, wenn wir sie nicht kennen: Dem metaphysischen Realisten zufolge referierte der Ausdruck »Gold« schon 1750 auf Gold, obwohl damals noch niemand in der Lage war, Gold in zuverlässiger Weise von Nicht-Gold zu unterscheiden; und sämtliche Sätze einer Theorie sind entweder wahr oder falsch, unabhängig davon, ob wir deren Wahrheitswert beim jetzigen Wissensstand zu ermitteln vermögen oder nicht (das ist das im § 34 erwähnte Bivalenzprinzip). Und da die Wahrheit oder Falschheit einer Aussage folglich nicht von unserem Wissen abhängt (das ist das Merkmal der Unabhängigkeit), könnte auch unsere beste, in bezug auf ihre Nützlichkeit, Schönheit, Einfachheit und Plausibilität idealste wissenschaftliche Gesamttheorie *falsch* sein. Gemäß dem metaphysischen Realisten könnten wir, wie Putnam bemerkt, also beispielsweise Gehirne in einem Tank sein, ohne dies je in Erfahrung zu bringen. (MMS 125, 127)

Was hat es damit genau auf sich? In *Reason, Truth and History*[130] hat Putnam die Fiktion der Gehirne in einem Tank eingehender untersucht – und zwar in der Absicht, sie (und damit auch den metaphysischen Realismus) zu widerlegen: Analog zu den heute zur Routine gehörenden Herz- oder Nierentransplantationen wird es in Zukunft vielleicht möglich sein, ein menschliches Gehirn, vom Körper getrennt, in einen mit lebenserhaltender Nährflüssigkeit gefüllten Tank zu stecken und seine afferenten (von den Sinnesorganen kommenden) und efferenten (zu den Muskeln führenden) Nerven an einen außerordentlich leistungsfähigen Computer anzuschließen, der dem Gehirn in kohärenter Weise eine – um einen aktuellen Ausdruck zu verwenden – virtuelle Realität vorgaukelt. Es wäre im Prinzip also auch denkbar, daß alle Menschen seit jeher Gehirne in einem Tank sind, denen eine künstliche Welt kollektiv vorgetäuscht wird. (RTH 5 f.; RHF 110 f.)

Obwohl diese Annahme weder gegen die physikalischen Gesetze noch gegen unsere Erfahrung verstößt, kann sie laut Putnam jedoch nicht wahr sein, weil sie sich seines Erachtens in gewisser Weise selbst widerspricht. (RTH 7) Putnams Argument beruht auf zwei Prämissen: Erstens sind alle sogenannten magischen Theorien der Referenz falsch, und zweitens können wir nur auf diejenigen Dinge und natürlichen Arten referieren, mit denen wir kausal interagieren. (RTH 16)

Unter einer magischen Theorie der Referenz versteht er eine Konzeption, wonach mentale (Vorstellungen) oder physische Repräsentationen (gedruckte Wörter, Zeichnungen und so weiter) sich per se und notwendigerweise auf gewisse Objekte oder natürliche Arten beziehen. Weshalb solche Referenzauffassungen nicht stimmen, zeigen laut Putnam die folgenden (etwas gesuchten) Beispiele: Wenn Ameisen im Sand durch Zufall Spuren hinterlassen, die wie eine Zeichnung Winston Churchills oder wie der Schriftzug »Winston Churchill« aussehen, können wir nicht behaupten, die Spuren seien ein Abbild Winston Churchills oder sie referierten auf ihn. Dasselbe gilt auch für mentale Repräsentationen: Angenommen, ein irdisches Raumschiff überfliege eine Zwillingserde (§ 21), auf der es keine Bäume gibt, und verliere dabei zufälligerweise die Fotografie eines Baumes; dann könnte ein dortiger Bewohner nach dem Betrachten der Fotografie ein Vorstellungsbild haben, das qualitativ nicht von demjenigen zu unterscheiden ist, das ein Mensch von der Erde mit dem Wort »Baum« assoziiert. Dennoch würde das Vorstellungsbild des ersteren – im Gegensatz zu demjenigen des letzteren – sich trotz seiner Ähnlichkeit mit realen Bäumen nicht auf Bäume beziehen. Weder visuelle noch verbale, weder interne noch externe Repräsentationen besitzen eine intrinsische, quasi magische Verbindung zu dem, was sie repräsentieren. (RTH 3-5)

Zusammen mit der zweiten Prämisse, die unmittelbar aus der Kausaltheorie der Referenz (§ 20) folgt, läßt sich nach Putnam nun das folgende Argument gegen die Theorie vorbringen, wir seien seit jeher Gehirne in einem Tank: Wären wir Gehirne in einem Tank, referierten weder unsere mentalen Repräsentationen von Bäumen noch die von uns verwendeten Ausdrücke wie »Baum« oder »Eiche« auf wirkliche Bäume. Wenn also jemand in der Tank-Welt dächte, »Ich stehe vor einem Baum«, dann bezöge sich sein Gedanke nicht auf tatsächliche Bäume – sondern auf virtuelle Bäume oder auf die für die Erzeugung von Baum-Erscheinungen verantwortlichen elektrischen Impulse aus dem Computer oder auf diejenigen Aspekte des Computerprogramms, die jene Impulse auslösen. Dasselbe würde natürlich auch für das Wort »Tank« und die damit assoziierten Vorstellungsbilder gelten. Folglich könnten wir selbst mit der Äußerung beziehungsweise mit dem Gedanken »Wir sind Gehirne in einem Tank« nicht auf denjenigen Tank referieren, in dem wir uns effektiv befänden. Und da sich das Wort »Tank« in der Tank-Welt bloß auf virtuelle Tanks bezöge, wäre der von einem solchen Gehirn gedachte oder geäußerte Satz »Wir sind Gehirne in einem Tank« falsch. (RTH 12-15) Also widerlegt sich die Annahme, wir könnten Gehirne in einem Tank sein, in gewisser Weise selbst.

36. Wie gut ist Putnams Argument?

Putnams Argument gegen die Tankhypothese stellt auch einen Einwand gegen den Skeptizismus dar, ist sie im Grunde genommen doch eine moderne Fassung von Descartes' Dämonhypothese.[131] Selbst als Einwand gegen den Skeptizismus vermag das Argument jedoch nicht ganz zu überzeugen. Putnams semantische Analyse des Satzes (beziehungsweise Gedankens) »Wir sind Gehirne in einem Tank« weist nämlich eine gewisse Einseitigkeit auf. Er sagt zwar zu Recht, daß das Wort »Tank« in der Sprache der Tank-Bewohner (dem Tank-Deutschen sozusagen) lediglich auf simulierte Tanks, aber nicht auf denjenigen Behälter referieren kann, in dem sich die Gehirne befinden – doch geht er nicht darauf ein, daß sich in jenem Satz auch die Ausdrücke »wir« und »Gehirn« bloß auf simulierte Personen und Gehirne (respektive auf die entsprechenden elektrischen Impulse oder Programmerkmale) beziehen: In der Tankwelt befaßt sich beispielsweise ein Neurologe, der berufsmäßig Gehirne untersucht, nur mit vorgetäuschten Nervensystemen.

Würde sich das Pronomen »wir« auf die Gehirne im Tank selbst beziehen, wäre die Behauptung, wir seien Gehirne im Tank, in der Tat völlig falsch, da sich reale Gehirne nicht in einem virtuellen Tank befinden können. Da »wir« und »Gehirn« jedoch ebenfalls auf simulierte Entitäten referieren, kommt der von einem Tank-Bewohner geäußerte Satz »Wir sind Gehirne in einem Tank« der Wahrheit so nahe, wie keine andere Behauptung. Er ist zwar – wörtlich genommen – immer noch falsch, aber in einem metaphorischen Sinne durchaus richtig. Hier zeigt sich mit anderen Worten eine grundsätzliche Schwäche der Kausaltheorie der Referenz – zumindest in der strikten Form, in welcher Putnam sie in seinem Argument gegen die Tankhypothese zur Anwendung bringt: Die Kausaltheorie der Referenz läßt keinen metaphorischen Sprachgebrauch zu. Die Referenz eines Ausdrucks wird stets durch das determiniert, was dessen Verwendung verursacht; Sätze, die Metaphern enthalten, sind deshalb immer falsch. Offensichtlich wird also die so verstandene Kausaltheorie unserem faktischen Sprachgebrauch nicht gerecht.

Doch auch als Versuch, den metaphysischen Realismus zu widerlegen, bleibt Putnams Argument unbefriedigend. Putnam nimmt, wie sich gleich zeigen wird, für sein Argument nämlich in Anspruch, den metaphysischen Realismus aus dessen eigener Perspektive zu widerlegen. Was heißt das? Grundsätzlich lassen sich zwei verschiedene philosophische Perspektiven unterscheiden, die interne und die externe. Den externalistischen Philosophen zufolge (dazu zählen insbesondere die metaphysischen Realisten) besteht die Realität aus beobachtungsunabhängigen Objekten, deren Totalität sich durch genau eine wahre und vollständige Theorie beschreiben läßt – wobei der Begriff der Wahrheit hier das Bestehen einer Korrespondenzrelation zwischen Wörtern oder Sätzen einerseits und externen Objekten oder objektiven Tatsachen andererseits voraussetzt. Die Externalisten möchten zur Beschreibung der Realität also in gewisser Weise einen göttlichen Standpunkt einnehmen. (RTH 49) Demgegenüber gehen die internalistischen Philosophen davon aus, daß die Frage, aus welchen Objekten die Welt besteht, nur relativ zu einer Theorie oder zu einer bestimmten Sprache (einem bestimmten Begriffssystem) beantwortet werden kann. (§ 34)

Für einen Internalisten stellt die Hypothese von den Gehirnen im Tank laut Putnam jedoch überhaupt keine Herausforderung dar, weil schon zu ihrer *Formulierung* ein externer, ein göttlicher Standpunkt eingenommen werden muß. (RTH 50) Putnams Argument zielt also offensichtlich darauf ab, die Hypothese aus einer *externalistischen* Perspektive zu kritisieren. Nun legt er seinem Widerlegungsversuch aber gar keine externalistische Haltung zugrunde, wenn er sagt, das Wort »Tank« beziehe sich im Tank-Deutschen auf virtuelle Tanks. Dies träfe ja nur in einer internalistischen Semantik zu. In einer externalistischen, mit einem göttlichen Standpunkt operierenden Semantik kann das von einem Tank-Bewohner gebrauchte Wort »Tank« nämlich durchaus auf den realen Behälter referieren und der Satz »Wir sind Gehirne im Tank« folglich sehr wohl wahr sein.

Überdies steht dem metaphysischen beziehungsweise dem etwas moderateren empirischen Realisten seinerseits ein Argument gegen die Gehirn-Hypothese zur Verfügung. Kein realistisch orientierter Philosoph wird aus der Annahme, daß wir nicht abschließend über den Wahrheitswert einer wissenschaftlichen Aussage zu entscheiden vermögen, schließen wollen, letztlich stünden alle Aussagen in punkto Vertrauenswürdigkeit oder Plausibilität auf derselben Stufe. Er kann ohne weiteres Kriterien ins Feld führen, anhand derer sich die Plausibilität von Hypothesen bemessen läßt. Dabei wird er lediglich bestreiten, daß diese Kriterien eine *hinreichende* Bedingung der Wahrheit seien. Da sich der philosophische Realismus an die empirischen Wissenschaften anlehnt (§ 33) und die Systematizität eines der Hauptmerkmale wissenschaftlicher Theorien ist (§ 26), drängt sich hier vor allem die Systematisierbarkeit einer Hypothese als Plausibilitätskriterium auf: Als plausibel gilt eine Aussage dann, wenn sie sich widerspruchsfrei in das systematische Ganze des bereits akzeptierten Wissens eingliedern läßt.

Wie Putnam selbst verschiedentlich betont hat, werden in der wissenschaftlichen Praxis nie alle möglichen Hypothesen in Erwägung gezogen oder gar empirisch überprüft; nur plausible Hypothesen und Theorien haben überhaupt eine Chance, von der wissenschaftlichen Gemeinschaft diskutiert zu werden. (PP1 309; PP2 25-28, 357 f., 447; RTH 196 f., PP3 299) Und selbstverständlich gehört eine Annahme, wonach wir Gehirne in einem Tank sein könnten, nicht dazu. Ein Realist hat keinen Anlaß, eine derart unplausible, nicht zu unseren alltäglichen und wissenschaftlichen Überzeugungen passende Hypothese als mögliche Bedrohung unseres Weltbildes zu betrachten. Ironischerweise hat Putnam vor seiner Wende genau auf diese Weise gegen solche skeptischen Hypothesen argumentiert:

»Wir können uns sehr wohl vorstellen, daß andere Menschen lediglich von unbekannten Wesen ferngesteuerte Attrappen sind. Aber ich gestehe nicht zu, daß diese Hypothese ›zur Diskussion steht‹. Damit eine Hypothese zur Diskussion stehen kann, reicht es nicht aus, daß sie eine denkbare Möglichkeit ausdrückt; sie muß vielmehr zwei weiteren Bedingungen genügen; Sie muß sorgfältig ausgearbeitet sein [...], und sie darf zweitens nicht allzu albern wirken. Diese Hypothese, die Dämonhypothese, wurde offensichtlich nie in detaillierter Form ausgearbeitet und ist offensichtlich zu albern, um ernsthaft erwogen zu werden.« (PP2 359 f.)

37. Begriffsrelativismus

Putnams Kritik am metaphysischen Realismus hat sich allerdings nicht auf den wenig überzeugenden Versuch beschränkt, die metaphysisch-realistische Annahme einer unser Wissen übersteigenden Wahrheit anhand des Gehirnbeispiels zu widerlegen. Seit seiner Wende hat er vielmehr eine Reihe von anderen Argumenten ins Feld geführt. Diese fallen sowohl in zeitlicher als auch in thematischer Hinsicht in zwei Klassen. (RHF x f.) Zum einen hat er – vom Wendeaufsatz »Realism and Reason« bis zur Publikation von *The Many Faces of Realism* im Jahre 1987 – verschiedene sogenannte modelltheoretische Argumente vorgebracht.[132] (MMS 123-138; RTH 32-35, 217 f.; PP3 ix-xi, 1-25) Kurz gesagt, die modelltheoretischen Argumente gehen von formalen Sprachen wie der Prädikatenlogik oder der Mengenlehre aus und zeigen unter anderem, daß selbst wahre logisch-mathematische Theorien keine eindeutigen Aussagen darüber zulassen, von welchen Objekten (von welcher Realität) in ihnen eigentlich die Rede ist, da in solchen Kontexten der Begriff der Korrespondenz keinen Sinn macht. (Siehe § 42 und den Anhang zu Kapitel IV)

Zum anderen hat Putnam seine Argumente für den internen Realismus seit 1987 hauptsächlich auf die sogenannte Begriffsrelativität abgestützt. Unter »Begriffsrelativität« versteht er vor allem die Tatsache, daß die logisch grundlegenden Ausdrücke – insbesondere die Begriffe des Objekts und der Existenz – keine absolute Bedeutung, sondern eine Vielzahl möglicher Verwendungsweisen haben (MFR 19, 35 f.; RR 112; RHF 97; 173; RPY 120), was wiederum den Begriff der Realität relativiert. Die Divergenz möglicher Verwendungsweisen logisch grundlegender Ausdrücke veranschaulicht Putnam am einfachen Beispiel einer Miniaturwelt, die drei Individuen (d.h. logische Atome) x_1, x_2 und x_3 enthält. Wieviele *Objekte* gibt es in dieser Welt? Die naheliegende, auf einer konventionellen Logik beruhende Antwort ist »drei«. Der polnische Logiker und Begründer der Warschauer Schule, Stanislaw Lesniewski, hat jedoch eine formale Sprache entwickelt, in der für jedes Paar von Individuen (und Objekten) stets auch deren sogenannte mereologische Summe existiert. Darunter versteht er nicht die aus den beiden Individuen bestehende, abstrakte Menge, sondern eine konkrete Gruppe oder Ansammlung (in Analogie zu einem Sandhaufen beispielsweise), die die beiden Individuen als Teile enthält. Offensichtlich existieren für einen Vertreter der Warschauer Schule in der Miniaturwelt also sieben Objekte, nämlich x_1, x_2, x_3, $x_1 + x_2$, $x_1 + x_3$, $x_2 + x_3$ und $x_1 + x_2 + x_3$. (MFR 18; RHF 96 f.)

Lesniewskis Begriff eines Objektes ist nicht so abwegig, wie man auf den ersten Blick vielleicht glauben mag. Wir betrachten ein Sauerstoffmolekül oder einen Tisch gemeinhin ja auch als Objekt, obwohl beide Dinge aus physikalischer Sicht nur Ansammlungen von Elementarteilchen (d.h. Individuen im Sinne der Physik) sind. Folglich sind die beiden Antworten »drei« und »sieben« echte Alternativen, die aus der Sicht eines metaphysischen Realisten nach einer Entscheidung rufen: Welches ist die objektiv richtige Antwort, die im Sinne der Korrespondenztheorie der Wahrheit mit der Miniaturwelt übereinstimmt? Gemäß Putnam gibt es jedoch keine Möglichkeit, hier einen sachlich begründeten Entscheid zu fällen. Es gibt mit anderen Worten mehrere Arten, die gegebene Situation richtig zu beschreiben; je nachdem, welche Logik (beziehungsweise welche Sprache oder welches Begriffssystem) wir zur Beschreibung der Miniaturwelt verwenden, wird letztere einfach aus anderen Objekten bestehen. Zu fragen, wie die Realität an sich, unabhängig von der verwendeten Logik beschaffen ist, macht aber keinen Sinn.

Ein metaphysischer Realist kann dieses Ergebnis jedoch nicht akzeptieren. Ihm stehen aber zwei Auswege offen. Er kann erstens auf eine Metapher zurückgreifen und behaupten, die konventionelle Logik und die Logik Lesniewskis teilten dieselbe Realität nur unterschiedlich auf, und zwar so wie sich mit verschiedenen Plätzchenformen aus demselben Teig unterschiedliche Objekte schneiden lassen. Nach Putnam scheitert dieser Rettungsversuch jedoch an der Frage, aus welchen Teilen die unsegmentierte Realität (in der Metapher: der Teig) denn bestehe. Beantwortet sie der metaphysische Realist beispielsweise mit »$x_1, x_2, x_3, x_1 + x_2, x_1 + x_3, x_2 + x_3$ und $x_1 + x_2 + x_3$«, so liefert er damit natürlich keine *neutrale* Beschreibung, sondern übernimmt vielmehr diejenige Lesniewskis. (MFR 19, 33; RR 133 f.)

Zweitens kann der metaphysische Realist – zumindest wenn es um Beschreibungen der wirklichen Welt geht – beide im Zusammenhang mit der Miniaturwelt diskutierten Objektbegriffe als teilweise inadäquat zurückweisen. Gegen die in der Logik üblicherweise vertretene Auffassung, nur Individuen hätten als Objekte zu zählen, könnte er zum Beispiel ebenfalls geltend machen, daß wir gemeinhin auch einige (wenn auch nicht alle) Ansammlungen von Elementarteilchen als Objekte verstehen. Gegen die Vertreter der Warschauer Schule könnte er hingegen einwenden, daß nicht *alle* mereologischen Summen wirklich Objekte sind, zum Beispiel die »unnatürliche«, diskontinuierliche mereologische Summe aus meiner Nase und dem Eiffelturm. Sind aber, entgegnet Putnam, nicht auch wissenschaftliche Objekte wie Sonnensysteme oder Galaxien diskontinuierlich? Und was hat die »Natürlichkeit« oder »Unnatürlichkeit« eines Dings mit dessen Existenz zu tun? (MFR 35) Abgesehen davon dürfte es dem metaphysischen Realisten kaum gelingen, ein brauchbares Kriterium für die Natürlichkeit von Objekten zu finden. So wird beispielsweise das Aristotelische Kriterium, wonach die Teile eines *wirklichen* Objektes zusammenbleiben, wenn man es bewegt, durch die mereologische Summe aus einem Tisch und einem daran angeklebten Kaugummi ebenfalls erfüllt, während es umgekehrt »natürliche« Objekte gibt, die beim Transportieren auseinanderfallen (etwa Lampen mit bloß aufgesetzten Lampenschirmen). (RR 111 f.)

Putnam hält dem metaphysischen Realisten entgegen, daß letztlich selbst die logisch grundlegenden Begriffe des Objektes und der Existenz keine von vornherein eindeutig festgelegte oder objektiv richtige Bedeutung haben. Der Gebrauch von Ausdrücken wie »Objekt« oder »Existenz« kann vielmehr nur durch die vorgängige Wahl eines Begriffssystems (einer Logik, einer Sprache) eindeutig bestimmt werden. In dieser Begriffsrelativität liegt der Grund für das Scheitern der metaphysischen Vorstellung von Dingen an sich. (MFR 35 f.; RR 114) Und deshalb ist der interne Realismus im wesentlichen eine kantische Position. (RTH x; RHF 3)

38. Wahrheit im internen Realismus

Daß die Begriffe des Objektes und der Existenz sprachabhängig sind, zieht jedoch keinen Relativismus in bezug auf den Wahrheitsbegriff oder die Konzeption »externer« Fakten nach sich: Wenn wir nämlich ein bestimmtes Begriffssystem adoptiert haben, können wir nicht mehr willkürlich über die Wahrheit oder Falschheit der in ihm formulierbaren Sätze und Theorien entscheiden. Verwenden wir zur Beschreibung der oben erwähnten Miniaturwelt beispielsweise Lesniewskis Logik, so gibt es von uns nicht mehr beeinflußbare, in gewisser Weise also sprachunabhängige Fakten, welche die Anzahl der in der Miniaturwelt enthaltenen Objekte eindeutig bestimmen. (MFR 33) Diese Fakten werden von uns nicht festgesetzt, sondern entdeckt. (RR 114) Dementsprechend kann eine im Rahmen einer gewissen Sprache formulierte Theorie jeglichen Allgemeinheitsgrades durch neue experimentelle Befunde widerlegt werden. Nur sind diese experimentellen Ergebnisse ebenfalls durch unsere Begriffe geformt. (RTH 54) Theorien können mit anderen Worten nicht mit einer begrifflich unberührten Realität verglichen weden. (PP3 163)

Obwohl mit den Begriffen des Dings an sich und der begrifflich ungeformten Tatsache auch die Korrespondenztheorie der Wahrheit im Sinne des metaphysischen Realismus (d.h. Übereinstimmung von Sätzen und beschreibungsunabhängigen Tatsachen) über Bord geht, gibt es für den internen Realisten nach wie vor eine Form von Objektivität. (RTH 64) So schreibt Putnam an einer anderen Stelle: »So wie die objektive Natur der Umwelt zur Festlegung der Referenz gewisser Termini beiträgt, so trägt sie auch zur Festlegung der objektiven Wahrheitsbedingungen von Sätzen bei – allerdings nicht in metaphysisch-realistischer Weise.« (PP3 86) Die Existenz objektiver Wahrheitsbedingungen offenbart sich darin, daß sich Realitätsbeschreibungen (einzelne Sätze oder ganze Theorien) auch als falsch erweisen können und daß die Wahrheit eines Satzes nicht davon abhängt, ob ihn die Benützer des betreffenden Begriffssystems *für wahr halten.* (RR 109; RHF 21)

Wie ist Wahrheit aus der Sicht des internen Realismus aber genau zu verstehen? Da die empirischen, innerhalb eines bestimmten Begriffssystems beschriebenen Fakten laufend neu entdeckt werden und mit einer bereits etablierten Theorie in Konflikt zu geraten vermögen, kann Wahrheit beziehungsweise Objektivität nicht ausschließlich eine Frage der Kohärenz (d.h. des Zusammenpassens mit dem momentan akzeptierten Wissen) sein. (RTH 54) Andererseits hat sich Putnam aber auch deutlich dagegen ausgesprochen (§ 35), Wahrheit als etwas die menschlichen Erkenntnisbemühungen prinzipiell Übersteigendes zu betrachten: Einen solchen mit dem Merkmal der Unabhängigkeit (§ 34) assoziierten Wahrheitsbegriff weist er nicht nur aufgrund seines Argumentes gegen die Gehirne im Tank, sondern auch aufgrund der modelltheoretischen Argumente gegen den metaphysischen Realismus (siehe Anhang) als unverständlich, unhaltbar und inkohärent zurück. (RTH 64; PP3 200, 280)

Sein eigener Vorschlag kommt deshalb einem Kompromiß zwischen der Kohärenz- und der metaphysischen Korrespondenzauffassung gleich: Er versteht Wahrheit als idealisierte rationale Akzeptierbarkeit. (RTH 49 f.; PP3 xvii, 84, 280; RR 115; RHF 115) Ein Satz ist laut Putnam also dann wahr, wenn man ihn unter erkenntnistheoretisch idealen Bedingungen akzeptiert. Da sich die Wahrheit eines Satzes nicht als Übereinstimmung mit einer begrifflich ungeformten Tatsache auffassen läßt, vermag uns die »Realität an sich« den Wahrheitswert einer Überzeugung auch nicht zu *diktieren*. Bei einer wahren Aussage kann es sich somit nur um einen Satz handeln, den rationale Menschen zu *akzeptieren* gewillt sind. Das erklärt den Begriff der Akzeptierbarkeit in Putnams Definition. Seine Forderung nach Rationalität soll hingegen ausschließen, daß unplausible oder einander widersprechende Überzeugungen als akzeptierbar durchgehen. Dieser Einschränkung beugen sich selbst die Vertreter der Kohärenztheorie der Wahrheit; sie ist unumstritten.

Mit der darüber hinausgehenden Forderung nach idealen erkenntnistheoretischen Bedingungen versucht Putnam zu gewährleisten, daß der Wahrheitsbegriff ein Merkmal behält, das wir ihm intuitiv zuzusprechen gewohnt sind, nämlich zeitliche Stabilität: Vom Wahrheitswert eines Satzes verlangen wir gemeinhin, daß er sich im Laufe der Zeit nicht ändert. Die Wahrheit (beziehungsweise die Falschheit) ist mit anderen Worten keine bloß vorübergehende Eigenschaft einer Aussage. Auf die rationale Akzeptierbarkeit trifft dies jedoch nicht zu. Denn eine Aussage, die zu einem bestimmten Zeitpunkt rational akzeptierbar ist, braucht dies zu einem späteren Zeitpunkt nicht mehr zu sein. (PP3 85) So war »Die Erde ist flach« vor dreitausend Jahren noch rational akzeptierbar. (RTH 55) Vor dreitausend Jahren war das Wissen über die Erde – im Vergleich zu heute – jedoch viel zu beschränkt, um eine auch nur annähernd *ideale* Entscheidungsgrundlage für die Frage nach der Form der Erde zu bilden. In der Stabilität des Wahrheitsbegriffs sieht Putnam den Grund dafür, daß es sich beim internen Realismus nach wie vor um einen realistischen Standpunkt handelt. (RTH x) Auf sie zu verzichten hieße, den Realismus ganz aufzugeben. (PP3 280; RR 70; RHF 32, 93)

Den Begriff erkenntnistheoretisch idealer Bedingungen vergleicht Putnam mit dem physikalischen Begriff reibungsloser Oberflächen. Es gibt zwar keine reibungslosen Oberflächen – zur Beschreibung approximierbarer Grenzfälle erweist sich der entsprechende Begriff aber dennoch als nützlich. Analoges gilt auch für erkenntnistheoretisch ideale Bedingungen: Sie sind nicht wirklich erreichbar, aber in hohem Maße approximierbar. (RTH 55; PP3 84) Dieser Vergleich verdeutlicht allerdings – entgegen Putnams Absicht – eher die Schwächen als die Stärken des Begriffs erkenntnistheoretisch idealer Bedingungen. Die Reibung (der Gleitreibungskoeffizient) einer Oberfläche kann nämlich gemessen werden: So ist beispielsweise die Reibung von Eis siebenmal kleiner (siebenmal »näher« am Grenzfall der Reibungslosigkeit) als diejenige von Stahl. Eine entsprechende Möglichkeit, den Grad an »Idealität« erkenntnistheoretischer Bedingungen (zum Beispiel des heutigen Wissens) zu bestimmen, gibt es aber offensichtlich nicht. Es fragt sich deshalb, ob Putnams Wahrheitsbegriff sich dem menschlichen Intellekt letztlich nicht ebenso entzieht wie derjenige des metaphysischen Realisten.

39. Werte und Kulturrelativismus

Da die Wahrheit einer Aussage davon abhängt, was rationalerweise akzeptiert werden kann, sind Wahrheit und Rationalität eng miteinander verknüpft. (RTH x) Und die Frage, was wir für rational oder für rational akzeptierbar halten, wird ihrerseits durch unsere Werte und damit durch unsere Psychologie samt ihren biologischen und kulturellen Bedingungen beeinflußt. (RTH 55) Deshalb kann es Putnam zufolge keine scharfe Trennung zwischen Tatsachen und Werten geben. (RTH 201; RHF 115) Daß selbst die in der wissenschaftlichen Praxis angewandten Kriterien für die rationale Akzeptierbarkeit einer einzelnen Aussage oder einer ganzen Theorie von kulturell geprägten Werten beeinflußt werden, (RTH 130) impliziert jedoch keinen Kulturrelativismus im Sinne Paul Feyerabends (§ 34) oder Richard Rortys[133].

Denn ein Relativismus, wonach die Mehrheit einer kulturellen Gemeinschaft bestimmt, was als wahr oder rational zu gelten hat, widerlegt sich in mehrfacher Hinsicht selbst: Da in unserer Kultur erstens wohl kaum eine Mehrheit dem Kulturrelativismus zustimmen dürfte, ist er seinem eigenen Wahrheitskriterium zufolge falsch. (RPY 71) Und falls ein radikaler Relativist angesichts dieser Tatsache zugunsten seiner Position zu *argumentieren* beginnt, weil er von deren Richtigkeit überzeugt ist, räumt er durch sein Verhalten implizit ein, daß die Richtigkeit einer Argumentation nicht von Mehrheiten abhängt. (RR 109 f.; RHF 22) Wenn zweitens der Kulturrelativismus stimmte und folglich irgendein Standpunkt ebenso richtig wäre wie jeder andere, dann hätte der Standpunkt, daß der Kulturrelativismus *falsch* ist, dieselbe Überzeugungskraft wie der Kulturrelativismus selbst.[134] (RTH 119) Der radikale Relativismus scheitert an der Absolutheit seines eigenen Geltungsanspruchs.[135]

Die rationale Akzeptierbarkeit einer Aussage oder Theorie beurteilen wir also mit Hilfe gewisser spezifisch menschlicher Werte, an deren Objektivität und kulturübergreifender Gültigkeit wir aber nicht zweifeln können, ohne dabei in einen sich selbst widersprechenden Subjektivismus zu verfallen. (RHF 140) Um welche Werte handelt es sich dabei? Putnam nennt vor allem Kohärenz (RTH 54 f., 64, 135; RHF 138), aber auch Einfachheit, Eleganz, Erklärungskraft beziehungsweise Allgemeinheit, Konservativismus (§ 40) und technologische Nützlichkeit (RTH 134 f.; PP3 169; RHF 138 f.; RPY 8). Daß die Kohärenz, die Erklärungskraft oder die Einfachheit einer Theorie keine neutralen, von der Conditio humana unabhängigen Merkmale sind, zeigt gerade das Beispiel der Einfachheit. Wir können nämlich nahezu jede Theorie einfach *aussehen* lassen, indem wir speziell zu diesem Zweck eine geeignete Notation (eine Sprache mit geeigneten Ausdrücken und Symbolen) schaffen. Und letztlich geht die Wissenschaft genau so vor – sie sucht nach neuen Notationen, in denen die Theorien elegant und einfach aussehen. Es gibt jedoch keine von vornherein gegebene wissenschaftliche Sprache oder Darstellungsweise, nach der sich die »tatsächliche« Einfachheit von Naturgesetzen und Theorien bemessen ließe. (RHF 161) Daß es sich bei den genannten Merkmalen effektiv um Werte und nicht um neutrale Eigenschaften handelt, zeigt im übrigen auch die mit ihnen einhergehende normative Kraft: Eine Theorie als kohärent, einfach und erklärend zu bezeichnen, heißt, daß es gerechtfertigt ist, sie zu akzeptieren; und zu sagen, das Akzeptieren einer Theorie sei gerechtfertigt, bedeutet wiederum, daß wir die Theorie akzeptieren *sollten*. (RHF 138)

40. Rationalität

Putnam widersetzt sich allerdings der Vorstellung, die menschliche Rationalität erschöpfe sich in den genannten Werten beziehungsweise Merkmalen. Wir können seiner Meinung nach also keine vollständige Liste von Werten oder Kriterien aufstellen, die bestimmen, was als rational oder als rational akzeptierbar zu gelten hat. Der Grund, weshalb eine solche kriterienorientierte Rationalitätsauffassung zum Scheitern verurteilt ist, liegt einfach darin, daß sich für sie keine *Argumente* vorbringen lassen: Denn wer für sie argumentiert, muß während des Argumentierens zwangsläufig auf *andere* Werte beziehungsweise Rationalitätskriterien zurückgreifen. Wer mit anderen Worten eine gewisse Rationalitätsauffassung argumentativ verteidigt, setzt dabei stets schon eine umfassendere Konzeption der Rationalität voraus. (RTH 110-113; PP3 189; RHF 140)

Darin dürfte auch einer der Gründe dafür liegen, weshalb eine algorithmische Erfassung der Rationalität unmöglich ist. Nachdem es Frege sowie Russell und Whitehead gelungen war, die deduktive Logik erster Stufe vollständig zu formalisieren (d.h. einen Algorithmus zum Beweisen aller ihre Theoreme zu finden), kam bei den Mitgliedern des Wiener Kreises die Hoffnung auf, mit einer entsprechenden Formalisierung der induktiven Logik zu einer allgemeingültigen algorithmischen Darstellung *der* wissenschaftlichen Methode zu gelangen. Zusammen mit dem Algorithmus der deduktiven Logik hätte jener noch zu entdeckende induktive Algorithmus dann als vollständige Beschreibung der menschlichen Rationalität betrachtet werden können. Argumente von Goodman – auf deren Erörterung hier verzichtet werden muß – haben aber gezeigt, daß sich die induktive Logik nicht vollständig formalisieren läßt (RTH 124 f., 189, 193 f.; PP3 197 f.; MFR 73-75), wir also selbst in der gemeinhin als sehr rational geltenden wissenschaftlichen Praxis stets zusätzliche nicht-formalisierbare Rationalitätsüberlegungen benötigen.[136]

Aufgrund der Quineschen Einsicht, daß wir beim Auftreten von Widersprüchen zwischen den Voraussagen einer Theorie einerseits und den tatsächlich gemachten Beobachtungen andererseits stets die *Wahl* haben, welche Sätze wir revidieren wollen, (§ 16) ist dies auch nicht verwunderlich. Manchmal entscheiden wir uns für diejenige Revision, die die Theorie am stärksten vereinfacht, und manchmal entscheiden wir uns für die konservativste Revision und wählen die Korrektur, die die kleinsten Veränderungen der Theorie nach sich zieht. Wir haben in der wissenschaftlichen Praxis also verschiedene Werte wie Einfachheit und Konservativismus gegeneinander abzuwägen. Dabei steht uns keine formale (algorithmische) Methode zur Verfügung, welche darüber Auskunft geben könnte, was im konkreten Einzelfall genau zu tun ist. (RHF 137 f.) Und das zeigt eben gerade, daß die wissenschaftliche Methode eine allgemeinere Form der Rationalität (den gesunden Menschenverstand) voraussetzt (RTH 195; RR 11), die sich ihrerseits nicht in der mechanischen Anwendung von Kriterien oder Werten erschöpfen kann. (PP3 201)

Die Rationalität ist also eine universelle (transzendente) Instanz der Rechtfertigung und Kritik, (PP3 234) die sich einer Festlegung durch ein fixes System von Kriterien oder Anwendungsregeln entzieht und über die Grenzen einer bestimmten Kultur (im Sinne des Kulturrelativismus) hinausgeht. Und darum muß sie als etwas Objektives gelten.[137] Weshalb die Rationalität gerade mit den genannten Werten wie etwa der Kohärenz assoziiert wird, liegt nach Putnam letztlich in unserem Begriff des menschlichen Gedeihens (»human flourishing«) und damit in unserer Idee des Guten begründet. (RTH 134; PP3 169; RHF 21, 139, 141) Der Begriff des menschlichen Gedeihens, der denjenigen des intellektuellen Gedeihens einschließt, kann seinerseits nicht mit Nützlichkeitsüberlegungen gerechtfertigt oder mit einer Form von Nützlichkeit gleichgesetzt werden. Das menschliche Gedeihen ist also nicht mit der evolutionären Kategorie des Überlebens identisch. Putnam hat eine biologische Interpretation der Rationalität sogar explizit zurückgewiesen.

Im Rahmen einer evolutionären Erkenntnistheorie ließe sich die Rationalität beispielsweise als eine im Laufe eines langen Anpassungsprozesses entstandene Fähigkeit definieren, Wahrheiten über unsere Umwelt zu entdecken; eine Überzeugung würde also dann als rational gelten, wenn sie aus dem Gebrauch dieser Fähigkeit resultierte – und als wahre Überzeugung hätte sie dann natürlich einen Überlebenswert. Eine solche Rationalitätsdefinition setzt jedoch den unhaltbaren Wahrheitsbegriff des metaphysischen Realismus voraus (insbesondere das Merkmal der Korrespondenz mit einer beobachtungs- und sprachunabhängigen

Umwelt). Falls der evolutionäre Erkenntnistheoretiker auf den Begriff der Wahrheit verzichtet und stattdessen auf den Begriff der rationalen Akzeptierbarkeit zurückgreift, wird seine Rationalitätsdefinition nichtssagend: Rationalität ist die Fähigkeit zu entdecken, was rational akzeptierbar ist. Und falls er die Rationalität direkt als Fähigkeit definiert, zu das Überleben sichernden (aber nicht unbedingt wahren) Überzeugungen zu gelangen, wird sein Ansatz äußerst fragwürdig. Die Wissenschaft (unser System von Überzeugungen) hat nämlich stets einen gemischten Einfluß auf unsere Überlebenschancen: Wenn die Menschheit in einem Nuklearkrieg unterginge, hätte die Wissenschaft langfristig nicht zu unserem Überleben beigetragen. (PP3 230-232)

Neben dem transzendenten hat die Rationalität auch einen immanenten Aspekt: Ohne Werte, Normen, wissenschaftliche Theorien, Kulturen und ohne unsere Idee des menschlichen Gedeihens würde der Begriff der Rationalität keinen Sinn machen (PP3 201, 234) – ganz abgesehen davon, daß die mit ihm eng verwandten Begriffe der Objektivität und der rationalen Akzeptierbarkeit nur relativ zu einer bestimmten Sprache oder einem bestimmten Begriffssystem Gültigkeit beanspruchen können. (§§ 37, 38) Letzteres aber schließt eine begründete Kritik an der Verwendung eines bestimmten Begriffssystems, wie gesagt, nicht aus. Zudem unterstreicht Putnam auch die historische Relativität der Rationalität: Was als rational gilt und was nicht, ändert sich im Laufe der Zeit; wir benutzen unsere Merkmale und Kriterien der rationalen Akzeptierbarkeit zur Erstellung eines theoretischen Weltbildes, und indem dieses Weltbild durch neue Erkenntnisse bereichert wird, verändern sich auch unsere Kriterien der rationalen Akzeptierbarkeit. (RTH x, 134; RHF 21, 25, 125 f.)

41. Kausalität

Nun scheint die von Putnam selbst vorgeschlagene Kausal-theorie der Referenz (§ 20) dem metaphysischen Realisten ein Instrument in die Hand zu geben, das es ihm gestattet, die Begriffsrelativität im besonderen und den internen Realismus im allgemeinen zurückzuweisen. Der metaphysische Realismus geht ja davon aus, daß zwischen den Ausdrücken und den Sätzen einer Theorie einerseits und den beobachtungsunabhängigen Objekten und Tatsachen der Realität andererseits eine feste, eindeutige Referenz- beziehungsweise Korrespondenzrelation besteht. (§ 34) Könnte es sich bei dieser Relation also nicht einfach um eine kausale Verknüpfung im Sinne der Kausaltheorie handeln? Dieser Vorschlag ist vom metaphysischen Realisten Michael Devitt in der Tat gemacht worden.[138] Putnam hat sich jedoch dagegen verwahrt, die Kausaltheorie der Referenz je in einem derartigen Sinne verstanden zu haben, (RPY 160) und aus der Sicht des internen Realismus sogar ausdrücklich gegen die Möglichkeit einer Gleichsetzung von Referenz (Korrespondenz) und Kausalverknüpfung Stellung bezogen.

Devitts Vorschlag beruht auf der überzeugendsten Form des metaphysischen Realismus, und zwar auf dem Physikalismus – wobei die Bezeichnungen »Physikalismus« und »Materialismus« heutzutage im wesentlichen synonym sind (RPY 60). Der Physikalismus betrachtet die Physik als die einzige ernsthafte Anwärterin auf den Status einer »vollständigen und wahren Theorie der Realität«. Er setzt eine unabhängig vom menschlichen Sprachgebrauch strukturierte Welt von Objekten, Eigenschaften und Relationen voraus und faßt die Kausalität als eine dieser beobachtungsunabhängigen Relationen beziehungsweise Strukturen auf. (PP3 211) Die als Kausalverknüpfungen verstandenen Referenz- und Korrespondenzbeziehungen lassen sich dann ihrerseits im Rahmen der Physik analysieren. Was diesen Ansatz zur attraktivsten und heute fast einzig vertretbaren Form des metaphysischen Realismus macht, (PP3 208; RHF 37) ist sein unmetaphysisch wirkender Grundzug: Er scheint ohne metaphysische Annahmen auszukommen, da sich die Realität (mitsamt den semantischen Beziehungen der Referenz und der Wahrheit) offenbar ausschließlich mit wissenschaftlichen Methoden beschreiben läßt. (PP3 210)

Der Physikalismus scheitert jedoch am Begriff der Kausalität. Die Kausalität ist unserem Alltagsverständnis zufolge nämlich keine rein physikalische Relation, sondern stets auch kontextgebunden und interessenrelativ. (MFR 38; RHF 87; RPY 47, 50, 64) Wenn eine Aussage der Form »A verursacht B« bedeutete, daß jedem Ereignis des Typs A immer ein Ereignis des Typs B zeitlich folge, wäre die Kausalitätsrelation tatsächlich physikalisch definierbar. Eine solche Definition würde jedoch nur einen kleinen Teil unseres Gebrauchs des Ausdrucks »verursachen« erfassen. Denn sie bestimmt A als hinreichende Bedingung für B und somit als sogenannte totale Ursache von B, während wir das Wort »Ursache« im Alltag nur selten im Sinne von »totale Ursache« verwenden. Wenn beispielsweise jemand sagt, ein ungelöschtes Lagerfeuer habe den Waldbrand verursacht, so heißt das nicht, das Lagerfeuer sei die totale Ursache des Waldbrandes gewesen. Vielmehr trugen dazu auch andere Faktoren wie die Trockenheit der Blätter oder die Anwesenheit von Sauerstoffmolekülen in der Erdatmosphäre bei. Wir betrachten also die meisten Faktoren der totalen Ursache eines Ereignisses als Hintergrundbedingungen und bezeichnen nur den *für uns gerade interessantesten* Faktor als »Ursache«. (Sprechen wir von einer »Ursache«, so meinen wir damit folglich häufig eine beitragende Ursache.) Aus der Sicht von Außerirdischen mag aber sehr wohl ein anderer Faktor des Waldbrandes – zum Beispiel die für sie vielleicht ungewöhnliche Anwesenheit von Sauerstoff in der Atmosphäre – als Ursache gelten. Was für den einen Beobachter eine Hintergrundbedingung ist, kann für den anderen also die Ursache sein. (PP3 212-214)

Wenn ein metaphysischer Realist die Referenzrelation zwischen einem Wort und einem Ding (oder einer natürlichen Art) nun als Kausalbeziehung definiert, greift er dabei auf den Begriff der beitragenden und nicht auf denjenigen der totalen Ursache zurück.[139] Man kann nämlich nicht behaupten, eine Person referiere mit dem Wort »Katze« einzig und allein deshalb auf Katzen, weil dieses Wort mit Katzen kausal verknüpft ist. Daß sie mit dem Wort »Katze« auf Katzen referiert, hat vielmehr auch zahlreiche andere Ursachen, (RPY 23) zum Beispiel ihre soziale Interaktion mit denjenigen Sprachbenützern, von denen sie das Wort »Katze« ursprünglich erlernt hat. Die kausale Verknüpfung mit bestimmten Dingen oder Arten ist also jeweils nur eine notwendige, aber keine hinreichende Bedingung für die Existenz referentieller Beziehungen. Da die vom metaphysischen Realisten in Anspruch genommene Kausaltheorie der Referenz jedoch auf dem kontextgebundenen, interessenrelativen Begriff der beitragenden Ursache beruht, fällt sein physikalistisches Programm in sich zusammen. Wegen der Interessenrelativität hängt folglich auch der allgemeine Begriff der Kausalität – ebenso wie derjenige der Objektivität oder der rationalen Akzeptierbarkeit – von unseren Werten und Normen ab.

Die Vorstellung, daß die Natur, die von unserer begrifflichen, interessengeleiteten Beschreibungsart unberührte Realität, die Referenz vollständig fixiert, kann nach Putnam also keinen Sinn machen. (PP3 xii; RHF 38) Dennoch hat er nach seiner Wende zum internen Realismus an der Kausaltheorie der Referenz festgehalten (RHF 70; § 35) und dabei auf Formulierungen wie »die Extension gewisser Termini [...] wird zum Teil durch die Welt festgelegt« zurückgegriffen. (PP3 71; RR 18, 30; RHF 288) Hier kann er mit dem Wort »Welt« nun ganz offensichtlich nicht dasselbe meinen wie ein metaphysischer Realist, da er die Idee einer unabhängig von der menschlichen Erkenntnistätigkeit strukturierten Realität seit seiner Wende ausdrücklich ablehnt. Die Welt, von der er in diesem Zusammenhang spricht, muß vielmehr eine im Sinne des Begriffsrelativismus (§ 37) sprachlich bereits geformte sein. Dann ist jedoch – und darin offenbart sich ein schwerwiegender Defekt des internen Realismus – Putnams Position zirkulär: Die Referenz sprachlicher Ausdrücke wird zumindest teilweise durch die Welt festgelegt, obwohl der Begriff der Welt hier den vorgängigen Gebrauch von Begriffen beziehungsweise von referierenden sprachlichen Ausdrücken schon *voraussetzt.*

42. Heterogenität, Welterzeugung und Pluralismus

Weitere Probleme des internen Realismus zeigen sich auf ontologischer Ebene, d.h. im Zusammenhang mit dem Realitätsbegriff. Der Doktrin des Begriffsrelativismus (§ 37) zufolge ist die Frage, welche Objekte existieren, vom Gebrauch eines Begriffssystems beziehungsweise einer Sprache abhängig. Damit aber sinnvollerweise vom Gebrauch eines Begriffssystems die Rede sein kann, müssen wir die Existenz von Personen, die eine bestimmte Sprache verwenden, bereits voraussetzen. Diese Personen können folglich nicht zu denjenigen Dingen zählen, die durch den Gebrauch eines Begriffssystems erst geschaffen werden. Dann enthält die Realität im Sinne des internen Realisten aber zwei sehr unterschiedliche Typen von Objekten: solche, die unabhängig von Begriffssystemen existieren (die Menschen oder Personen), und solche, die erst durch die Verwendung einer Sprache ins Leben gerufen werden (alle anderen Dinge). Diese Heterogenität beziehungsweise Zweiteilung der Welt ist jedoch höchst unbefriedigend. Und um der Einheitlichkeit der Welt willen zu behaupten, daß wir – die Sprachbenützer – *nicht* zur Welt gehörten, wäre sicherlich keine den tiefgreifenden menschlichen Überzeugungen gerecht werdende Lösung dieses Problems.

Eine andere Schwierigkeit taucht im Zusammenhang mit Putnams Ablehnung des hauptsächlich von Goodman vertretenen ontologischen Pluralismus auf. Ähnlich wie Putnam (MMS 132; PP3 43-45; RR 115 f.; RHF 40; RPY 109 f.) ist auch Goodman davon überzeugt, daß es mehrere, miteinander unverträgliche wahre Weltbeschreibungen geben kann (da wir ja unterschiedliche Begriffssysteme verwenden können, die ihrerseits unterschiedliche Gegenstandsbereiche nach sich ziehen).[140] Wenn jedoch, so argumentiert Goodman weiter, unverträgliche, einander widersprechende Beschreibungen allesamt den Anspruch erheben können, wahr zu sein, so können sie sich nicht auf *dieselbe* Welt beziehen.[141] Konsequenterweise spricht er deshalb von der Existenz mehrerer wirklicher Welten, die wir durch den Gebrauch, die Zergliederung und die Rekombination unterschiedlicher Beschreibungen – er nennt diese »Versionen« – erzeugen.[142]

Putnam begegnet Goodmans Pluralismus mit einem guten Argument. Er weist nämlich darauf hin, daß nicht alle Beschreibung, die aufgrund der Oberflächengrammatik unverträglich aussehen, auch tatsächlich unverträglich sind, (RPY 116) und veranschaulicht diesen Punkt an einem sowohl von ihm selbst (MMS 130 f.; PP3 42 f.) als auch von Goodman[143] verwendeten Beispiel aus der Geometrie: Geometrische Punkte können entweder als genuine Bestandteile des Raumes betrachtet werden, aus denen andere geometrische Objekte wie etwa Geraden zusammengesetzt sind, oder sie lassen sich – wie das Whitehead vorgeschlagen hat – als konvergierende Mengen konzentrischer Kugeln definieren. Im zweiten Fall enthält der geometrische Raum nur ausgedehnte Objekte, aber keine Punkte; diese sind vielmehr bloße (konstruktiv gewonnene) Grenzen.[144] Auf den ersten Blick scheinen diese beiden Beschreibungen des Raumes unverträglich zu sein.

Nach Putnam läßt sich jedoch ohne weiteres eine Korrelierung finden, die jedem wahren Satz der einen Beschreibung einen wahren Satz der anderen so zuordnet, daß ein Satz und dessen Übersetzung jeweils denselben Sachverhalt beschreiben. (RPY 117) Darüber hinaus entstehen bei einer allfälligen Anwendung dieser geometrischen Sichtweisen auf die physikalische Realität keinerlei inkompatible Voraussagen; für die wissenschaftliche Praxis spielt es also keine Rolle, welche der beiden geometrischen Beschreibungen wir gebrauchen. Wichtiger ist allerdings ihre Korrelierbarkeit. Darin sieht Putnam das entscheidende Kriterium für deren Verträglichkeit und mithin für deren Bezug zu derselben Welt: »Es ist absolut klar«, schreibt er, »daß die beiden Beschreibungen dieselbe Welt und nicht zwei unterschiedliche Welten beschreiben.« (RPY 122) Von Verträglichkeit zu sprechen, heißt für ihn im übrigen nicht, daß zwei zu unterschiedlichen Beschreibungen gehörende Aussagen wie »Punkte sind konvergierende Mengen konzentrischer Kugeln« und »Punkte sind keine Mengen, sondern genuine Objekte« die gleiche Bedeutung haben. Denn der an die normale Übersetzungspraxis gebundene Begriff der Bedeutung (§ 43) macht in diesem Fall keinen Sinn. (RPY 118 f.)

Die Schwierigkeit dieser Antwort auf Goodmans pluralistische Herausforderung liegt nun nicht im zweifellos richtigen Hinweis auf die Korrelierbarkeit und damit Verträglichkeit der beiden geometrischen Beschreibungsweisen, sondern in der darin zum Ausdruck kommenden Abhängigkeit des Welt- beziehungsweise Realitätsbegriffs vom Begriff der Korrelierbarkeit. Putnam hält ja deshalb am Begriff einer einzigen Welt fest, *weil* die beiden Beschreibungen eins zu eins korrelierbar sind. Falls sie sich jedoch als unkorrelierbar herausgestellt hätten, müßte auch er hier auf den Begriff einer einzigen Welt verzichten. De facto sind die Abhängigkeitsverhältnisse aber genau umgekehrt: Wenn Whiteheads Verfahren zur Definition von Punkten nicht zu einer mit der klassischen Beschreibung des geometrischen Raumes korrelierbaren Darstellung geführt hätte, würden wir es als ungeeignet zurückweisen. Wir würden sagen, daß der Begriff der konvergierenden Menge konzentrischer Kugeln nicht dazu taugt, den Begriff des Punktes adäquat zu erfassen. Wir haben also je schon ein gewisses Vorverständnis der Realität, die es zu beschreiben gilt. Und wenn eine Beschreibung diesem Vorverständnis nicht gerecht zu werden vermag, betrachten wir sie nicht als Beschreibung *dieser* Realität. Und dies bedeutet wiederum, daß zwei Beschreibungsweisen deshalb korrelierbar sind, weil sie sich auf dieselbe Realität beziehen. Der Begriff der Korrelierbarkeit hängt folglich vom Begriff der Realität ab – und nicht umgekehrt.

43. Bedeutungsholismus

Die Abkehr von einer wissenschaftlichen Auffassung der Philosophie (§ 34), die Kritik am physikalistischen Kausalitätsbegriff (§ 41) und die Hinwendung zu einem rationalitätsorientierten Verständnis zentraler philosophischer Begriffe (§§ 38-40) dürften bereits deutlich gemacht haben, daß Putnam seine frühere Theorie der Bedeutung im Rahmen des internen Realismus nicht mehr uneingeschränkt vertreten kann. Zwar hält er nach wie vor an seinen zentralen sprachphilosophischen Thesen wie etwa der sprachlichen Arbeitsteilung fest (§ 18; PP3 144 f.; RR 22-26; RHF 287 f.), doch erfordert die intern-realistische Abstützung aller wissenschaftlichen und philosophischen Aktivitäten auf ganzheitliche, nicht-algorithmisierbare Rationalitätsüberlegungen offensichtlich ein neues Verständnis des Bedeutungsbegriffs. Was die Bedeutung eines sprachlichen Ausdrucks ist, dürfte also schwerlich einfach durch eine empirische, klaren methodischen Vorgaben folgende Untersuchung des betreffenden Stereotyps und der betreffenden Referenzobjekte zu bestimmen sein. Da sich selbst ein so unproblematisch wirkender Begriff wie derjenige der Kausalität als interessenrelativ herausgestellt hat, wäre es nämlich höchst verwunderlich, wenn gerade die Bedeutungen diesbezüglich eine Ausnahme bildeten.

Und in der Tat liefert schon die These der sprachlichen Arbeitsteilung einen starken Beleg für den holistischen, rationalitätsabhängigen Charakter des Bedeutungsbegriffs: Die Bedeutung eines Ausdrucks wie »Wasser« erschöpft sich nicht einfach im Stereotypen (§ 19), den alle Sprachbenützer gemeinsam haben. Denn ein Laie ist durchaus bereit, sich von einem Experten darüber belehren zu lassen, daß es sich bei der von ihm für Wasser gehaltenen farb-, geruch- und geschmacklosen Flüssigkeit in Wahrheit nicht um Wasser handelt. Die Sprache ist folglich ein kollektives Unternehmen, (RHF 281) dessen Funktionsweise durch eine Vielzahl von Faktoren beeinflußt wird. Zu diesen Faktoren zählen namentlich auch die wissenschaftlichen Kriterien der rationalen Akzeptierbarkeit, die für die Bestimmung der Referenz unentbehrlich sind und die ihrerseits von unseren Werten abhängen. (§ 39) Dementsprechend ist der Begriff der Bedeutung ebenso komplex wie derjenige der Rationalität. (RR 12)

Die Interessenrelativität der Bedeutung kommt jedoch nicht nur durch die in die wissenschaftlichen Methoden und Überzeugungen einfließenden Werte ins Spiel, sondern zeigt sich auch in der Komplexität des alltäglichen, von Experten unbeeinträchtigten Sprachgebrauchs: Kaffee besteht (zumindest in Amerika!) zu mehr als 99 % aus H_2O. Trotzdem wird ein durchschnittlicher Sprachbenützer von einem Glas Kaffee nicht behaupten, es sei ein Glas Wasser. Andererseits wird er ein durch 2 % Dreck verunreinigtes Glas Wasser noch immer als »Glas Wasser« bezeichnen. Welcher Grad von »Verunreinigung« eine hauptsächlich aus H_2O bestehende Flüssigkeit aufweisen darf, um noch als »Wasser« zu gelten, hängt also in komplexer Weise von unseren Interessen ab.[145] Die Extension eines sprachlichen Ausdrucks kann somit nicht einfach durch eine wissenschaftliche Untersuchung der Referenzobjekte und ihrer physikalisch-chemischen Zusammensetzung festgelegt werden.

Letzteres hat wiederum zur Folge, daß Putnam im internen Realismus konsequenterweise darauf verzichten muß, in der kausalen Verknüpfung zwischen einem Wort und dessen Extension den entscheidenden Faktor der Referenz zu sehen; es ist vielmehr unsere *Interpretationspraxis* (unser komplexes Sprachverständnis), die darüber entscheidet, worauf sich unsere Ausdrücke beziehen. (RR xiii, 14, 118) Referenz hat mit anderen Worten jetzt als pragmatischer und intentionaler, also durch unsere Absichten, Normen und Werte bestimmter Begriff zu gelten. (RR 70) Und der Begriff der Interpretation läßt sich seinerseits natürlich nicht von demjenigen der Rationalität trennen. (PP3 151) Dies verdeutlicht das folgende Problem: In Thailand (ehemals Siam) gibt es nur siamesische Katzen; wie haben wir das thailändische Wort »meew« (ausgesprochen wie »mö«), das dort zur Bezeichnung von Katzen dient, zu übersetzen?

Offensichtlich hat eine Person, die in Thailand aufgewachsen ist, einen anderen Stereotypen von Katzen als wir – nämlich denjenigen, den wir mit dem Ausdruck »siamesische Katze« assoziieren. Falls wir also »meew« mit »siamesische Katze« übersetzten, behielten wir den richtigen Stereotypen bei. Da aber zahlreiche Thaisprecher wissen, daß neben der siamesischen auch andere Katzenfamilien existieren, und deshalb die Menge aller Katzen als Extension von »meew« betrachten, hätte unsere Übersetzung die falsche Extension. Wir werden folglich eher dazu neigen, »meew« trotz der stereotypischen Unterschiede mit »Katze« zu übersetzen – und das ist in der Tat auch das Wort, das sich in Thaiwörterbüchern unter dem Stichwort »meew« findet. Eine allgemeinverbindliche Regel, wann der Stereotyp und wann die Extension als ausschlaggebendes Kriterium für die Bedeutungsgleichheit zweier Wörter und mithin die Interpretation eines fremdsprachigen Ausdrucks zu gelten hat, gibt es aber nicht.[146]

Dieses Beispiel macht zudem deutlich, daß wir uns beim Interpretieren nicht immer auf die Identität der Stereotypen stützen, sondern uns mit ihrer hinreichenden Ähnlichkeit begnügen. Auch hier existiert keine einheitliche Methode zur Beantwortung der Frage, wann zwei Stereotypen einander noch hinreichend ähnlich sind, um derselben Bedeutung zugeordnet werden zu können. (RHF 294 f.) Bedeutungen sind also letztlich einfach das, was wir beim Interpretieren beziehungsweise Übersetzen als invariant zu erhalten trachten. (RR 39) Und bei dieser Invarianz oder Bedeutungsgleichheit handelt es sich eben um eine interessenrelative Relation, die ein Urteil darüber voraussetzt, was im betreffenden Fall als vernünftig beziehungsweise rational zu gelten hat. (RPY 127) Es besteht mit anderen Worten wenig Hoffnung, den Vorgang des Interpretierens jemals mechanisieren zu können.[147] (RHF 129)

44. Rückblick auf den Funktionalismus

Die vorangehenden Argumente für den Bedeutungsholismus lassen sich mutatis mutandis gegen den von Putnam in der Philosophie des Geistes früher vertretenen Funktionalismus ins Feld führen: Denn die empirische These, daß der menschliche Geist als funktionale Organisation einer bestimmten Turing-Maschine (nämlich des menschlichen Körpers oder Gehirns) beschrieben werden kann, (§§ 6, 12) würde implizieren, daß einige algorithmisch operierende Turing-Maschinen (wir selbst) in der Lage sind, natürliche Sprachen zu sprechen und zu interpretieren, (RPY 166) also beispielsweise die Fähigkeit besitzen, nach klaren Kriterien eindeutig zu entscheiden, ob das thailändische »meew« mit »Katze« oder mit »siamesische Katze« zu übersetzen ist. Die enorme Komplexität dieser Aufgabe schließt eine solche Annahme jedoch praktisch aus. Und in der Tat hat Putnam im Kapitel »Why Functionalism Didn't Work« von *Representation and Reality*[148] (RR 73-89) unter anderem so gegen seine frühere Position argumentiert.

Überdies liefert das »meew«-Beispiel noch ein direkteres Argument gegen den Funktionalismus: Weil wir beim Übersetzen eines Ausdrucks wie »meew« manchmal von Unterschieden zwischen funktionalen Zuständen (dem Katzenstereotypen eines Thailänders einerseits und dem Katzenstereotypen eines Europäers andererseits) absehen, schreiben wir zwei Menschen, die sich in unterschiedlichen *funktionalen* Zuständen befinden, in gewissen Fällen denselben *psychologischen* Zustand zu: Ein Thaisprecher, der glaubt, es gäbe in seiner Nachbarschaft viele »meews«, hat dieselbe Überzeugung wie ein Europäer, der glaubt, es gäbe in seiner Nachbarschaft viele Katzen. Denn unsere Interpretationspraxis liefert das einzige Kriterium dafür, wann Überzeugungen und andere psychologische Zustände gleich oder ungleich sind. (RR 104) Folglich können psychologische Zustände nicht mit funktionalen Zuständen identisch sein. Jene verhalten sich zu diesen vielmehr wie diese zu den körperlichen Zuständen.[149]

Ein wichtiger Teil der menschlichen Rationalität beziehungsweise Intelligenz ist die Fähigkeit, induktive Schlüsse zu ziehen, also aus der Erfahrung zu lernen. (RPY 8) Wäre der Mensch eine Turing-Maschine, müßte diese Fähigkeit – eine Turing-Maschine operiert ja per definitionem nach einem Programm beziehungsweise Algorithmus – somit auch formalisierbar sein. Schon die Überlegungen zur wissenschaftlichen Praxis im allgemeinen und zu der bei einer Theorienrevision unumgänglichen Abwägung konkurrierender Werte im besonderen (§ 40) haben jedoch die Unmöglichkeit einer solchen Formalisierung aufgezeigt. Putnam hat sie denn auch in abgewandelter Form als weiteren Beleg für die Falschheit des Funktionalismus explizit angeführt. (RPY 8-10) Darüber hinaus hat er mit weiteren Beispielen auf die große Komplexität induktiver Schlüsse und damit auf die Hoffnungslosigkeit des Versuchs aufmerksam gemacht, die menschliche Rationalität mit Computern simulieren zu wollen.

So setzt erstens das Induzieren seinerseits die Fähigkeit voraus, Ähnlichkeiten zwischen Dingen erkennen zu können. Nun beschränken sich Ähnlichkeiten aber nicht einfach auf beobachtbare Konstanten. Was beispielsweise verschiedene Messer ähnlich macht, ist nicht, daß sie einander ähnlich sehen (was nicht zutrifft), sondern die Tatsache, daß sie zu demselben Zweck hergestellt worden sind. Der beachtliche Erfolg, den gewisse Computerprogramme bei der Mustererkennung vorweisen können, vermag also das Ähnlichkeitsproblem nicht zu lösen. Ein System, das Messer als ähnlich erkennen soll, müßte vielmehr in der Lage sein, handelnden Personen bestimmte Absichten zuzuschreiben. Dies ist jedoch weit von dem entfernt, was sich in der sogenannten künstlichen Intelligenz realisieren läßt. Neben den Ähnlichkeiten, die man mit Substantiven wie »Messer« zu erfassen pflegt, bringen die mit Adjektiven oder Verben ausgedrückten Gemeinsamkeiten sogar noch kompliziertere Schwierigkeiten mit sich: Ein Computer mag wissen, was auf einer Farbenkarte als »weiß« zu gelten hat, ohne erkennen zu können, weshalb man rosagraue Menschen ebenfalls »weiß« nennt. (RPY 10 f.)

Zudem existieren zweitens auch Induktionen, die einander widersprechen. Angenommen, es habe noch keine Person, die Emerson Hall (so heißt das Institut für Philosophie der Harvard-Universität) jemals betreten hat, Inuit (die Sprache der Eskimos) sprechen können. Induktiv kann daraus geschlossen werden, daß eine Person, die Emerson Hall jetzt betritt, kein Inuit spricht. Sollten wir daraus nun folgern, daß ein Eskimo, der Emerson Hall betritt, seine Fähigkeit verliert, Inuit zu sprechen? Das wäre offensichtlich unvernünftig. Diese Folgerung widerspricht nämlich einer besser verankerten Induktionsregel: Menschen verlieren beim Betreten einer Örtlichkeit ihre Sprachkenntnisse nicht. Woher wir wissen, welche der beiden Induktionen besser fundiert ist, läßt sich schwer eruieren. Vielleicht stammen die dazu erforderlichen Informationen aus unserem sogenannten Hintergrundwissen; vielleicht haben wir eine angeborene Neigung, die zweite Induktionsregel für plausibler zu halten. So oder so setzt der Entscheid zugunsten des einen Schlusses viel voraus, sei es hinsichtlich des von uns erworbenen Wissens, sei es hinsichtlich der menschlichen Natur. Um im Bereich der künstlichen Intelligenz halbwegs vergleichbare Leistungen erbringen zu können, müßte einem Computer derart viel formalisiertes Hintergrundwissen eingegeben werden, daß damit ganze Generationen von Wissenschaftlern beschäftigt wären. Und da uns neue Erfahrungen manchmal dazu zwingen, unser Hintergrundwissen zu *revidieren*, käme selbst ein dermaßen aufwendig programmiertes Gerät nicht an die menschlichen Leistungen heran. (RPY 12-14)

Das Scheitern des funktionalistischen Programms wirft einmal mehr die Frage auf, was Geist eigentlich ist. Der interne Realismus gibt uns wenig Hoffnung, jemals zu einer abschließenden Antwort zu gelangen. Aber er deutet gleichzeitig darauf hin, daß wir dank zukünftiger, besserer Theorien der menschlichen Rationalität – also dank neuer philosophischer Einsichten – zu einem *besseren* Verständnis des Geistes vordringen werden.

45. Anhang: Ein modelltheoretisches Argument

Die Modelltheorie beschäftigt sich mit der Semantik formaler Sprachen. Als Semantik ist sie für die Mathematik insofern unentbehrlich geworden, als Kurt Gödel mit seinem ersten Unvollständigkeitssatz zu zeigen vermochte, daß kein vollständiges System mathematischer Axiome existiert und mithin auch nicht alle mathematischen Probleme mit rein syntaktischen Verfahren (im Rahmen des sogenannten Hilbertschen Programms) lösbar sind.[150] In der Modelltheorie wird eine vorerst rein syntaktisch definierte formale Sprache semantisch interpretiert, indem man gewissen Ausdrücken der Sprache (ihren Individuenkonstanten, Prädikaten und Funktionssymbolen) jeweils gewisse Objekte aus einem gegebenen Individuenbereich (einer gegebenen »Welt«) zuordnet. Es läßt sich dann zeigen, daß man zu jeder in einer solchen Sprache formulierten konsistenten Theorie (zu jeder deduktiv abgeschlossenen, konsistenten Teilmenge aus der Menge aller in der Sprache ausdrückbaren Sätze) eine Interpretation (genauer gesagt: ein Modell) finden kann, die alle Sätze dieser Theorie wahr macht; diese Theorie stimmt dann in gewissem Sinne mit der gegebenen Welt überein.

Putnam hat verschiedene modelltheoretische Argumente gegen den metaphysischen Realismus vorgelegt. (§ 37) Der ihnen gemeinsame Grundgedanke ist folgender: Zu jeder solchen Interpretation (zu jedem solchen Modell) gibt es eine andere Interpretation (ein anderes Modell), welche die Wahrheitswerte der in dieser Sprache formulierten Sätze und folglich auch der Sätze der Theorie nicht verändert, obwohl die sprachlichen Ausdrücke jetzt andere Extensionen (und folglich auch andere Bedeutungen) haben als vorher. (RPY 78) Und das heißt wiederum, daß – entgegen der grundlegenden Annahme des metaphysischen Realismus (§ 34) – *mehrere* Referenz- beziehungsweise Korrespondenzrelationen existieren, die eine Theorie wahr machen. (RTH 72 f.; PP3 ix) Mit anderen Worten: Keine Theorie kann ihre eigene Interpretation festlegen,[151] d.h. bestimmen, worauf ihre Ausdrücke referieren.

Zur Veranschaulichung an einem einfachen Beispiel betrachten wir eine aus fünf Objekten (#, +, o, *, -) bestehende Miniaturwelt sowie eine prädikatenlogische Sprache erster Stufe, welche drei einstellige Prädikate und zwei Individuenkonstanten enthält, nämlich »F«, »G«, »H«, »a« und »b«. Wir ordnen diesen zuerst die folgenden Extensionen zu: F: {#, o}, G: {#, o, *}, H: {+, *, -}, a: +, b: o. Relativ zu dieser Interpretation sind unter anderem die Sätze

1) a ist H
2) b ist F
3) Es gibt ein x, für das gilt: x ist G, und x ist H
4) Für alle x gilt: Wenn x F ist, dann ist x G

empirisch wahr. Nun reinterpretieren wir unsere Sprache, indem wir den Prädikaten und den Konstanten andere Extensionen zuweisen, und zwar: F: {o, *}, G: {o, *, +}, H: {-, +, #}, a: -, b: *. Wie sich leicht überprüfen läßt, behalten nicht nur 1) bis 4), sondern auch alle anderen in der Sprache formulierbaren Sätze ihren ursprünglichen Wahrheitswert bei, obwohl die Konstanten und Prädikate jetzt auf andere Objekte beziehungsweise Mengen referieren als vorher. Um zu diesem Resultat zu gelangen, können wir die Sprache natürlich nicht in beliebiger Weise reinterpretieren, sondern müssen die in der Welt vorkommenden Objekte permutieren. Da es 119 (5!-1) mögliche Permutationen einer gegebenen Reihe von fünf Objekten gibt, existieren in einer Miniaturwelt mit fünf Objekten also »nur« 119 Möglichkeiten, die Sprache so zu reinterpretieren, daß die Wahrheitswerte aller Sätze unverändert bleiben.

Wie unschwer zu erkennen ist, enthält eine solche Sprache keine starren Designatoren (§ 22), d.h. keine Ausdrücke, die sich in allen möglichen Welten (in allen möglichen Interpretationen oder Modellen) auf dieselben Dinge beziehen. Starre Designatoren können per definitionem nicht reinterpretiert werden (ansonsten wären sie nicht wirklich starr). Wenn jedoch Putnams eigene Analyse in »The Meaning of ›Meaning‹« richtig ist und die meisten Prädikate der natürlichen Sprache eine versteckte indexikalische Komponente besitzen, (§§ 22, 23) dann handelt es sich bei den meisten von uns verwendeten Ausdrücken – sei es im Alltag, sei es in der Wissenschaft – um starre Designatoren. In diesen entscheidenden Kontexten greift das modelltheoretische Argument also nicht. Dem Realisten scheint mit anderen Worten nach wie vor eine Hintertür offen zu stehen.

Anmerkungen

1 *The Economist*, 8. Juli 1980, S. 89.

2 Siehe beispielsweise den Anhang »American Philosophers Cited Most Frequently, 1990-1991« in N. Rescher, »American Philosophy Today«, *Review of Metaphysics* 46 (1993), S. 743.

3 W. Stegmüller, *Hauptströmungen der Gegenwartsphilosophie*, Bd. II, Stuttgart: Kröner, 1987, S. 345.

4 T. Burge, »Philosophy of Language and Mind: 1950-1990«, *The Philosophical Review* 101 (1992), S. 3-51.

5 So macht beispielsweise auch D. Davidson, »Epistemology Externalized«, *Dialectica* 45 (1991), S. 191-202, vom anti-skeptischen Potential der Putnamschen Einsicht Gebrauch.

6 K. Campbell, *Body and Mind*, Garden City: Doubleday, 1970, S. 2 f., 28 f., 81.

7 Platon, *Phaidon*, Stuttgart: Reclam, 1987, S. 22-80 (70c-107b).

8 Bei Wittgenstein wird diese These mit einem Gedankenexperiment begründet: »Wenn ich ein Buch schriebe ›Die Welt, wie ich sie vorfand‹, so wäre darin auch über meinen Leib zu berichten und zu sagen, welche Glieder meinem Willen unterstehen und welche nicht etc., dies ist nämlich eine Methode, das Subjekt zu isolieren, oder vielmehr zu zeigen, daß es in einem wichtigen Sinne kein Subjekt gibt: Von ihm allein nämlich könnte in diesem Buche nicht die Rede sein.« L. Wittgenstein, *Logisch-philosophische Abhandlung*, Kritische Edition, Frankfurt: Suhrkamp, 1989, § 5.631.

9 R. Descartes, *Meditationen über die Grundlagen der Philosophie*, Hamburg: Meiner, 1992, Meditation VI, §§ 7, 9, 19.

10 Allerdings hatte Descartes Energie (in der damaligen Terminologie: Kraft) anders definiert als heute, nämlich als Masse mal

Geschwindigkeit. Später zeigte Leibniz, daß sich diese Cartesische Größe (die sogenannte Bewegungsquantität) vom tatsächlichen Kraftmaß (halbe Masse mal Geschwindigkeit im Quadrat) unterscheidet: G.W. Leibniz, *Metaphysische Abhandlung*, Hamburg: Meiner, 1985, § 17; G.W. Leibniz, »Betrachtungen über die Lebensprinzipien und über die plastischen Naturen«, in ders., *Hauptschriften zur Grundlegung der Philosophie*, Hamburg: Meiner, 1966, S. 65.

11 R. Descartes, *Die Leidenschaften der Seele*, Hamburg: Meiner, 1984, §§ 7, 10, 12, 23, 34, 41; R. Descartes, »Traité de l'Homme«, in C. Adam und P. Tannery (Hg.), *Œuvres de Descartes*, Bd. XI, Paris: Cerf, 1909, S. 179, 188 f., 352 f.

12 B. Williams, *Descartes*, Harmondsworth: Penguin, 1978, S. 281, Anm. 4.

13 G.W. Leibniz, *Monadologie*, Hamburg: Meiner, 1982, § 80. Vgl. auch G.W. Leibniz, »Betrachtungen über die Lebensprinzipien und über die plastischen Naturen« (Anm. 10), S. 65; G.W. Leibniz, Brief vom 10. Januar 1714 an Remond, in ders., *Hauptschriften zur Grundlegung der Philosophie* (Anm. 10), S. 462.

14 G.W. Leibniz, »Neues System der Natur«, in ders., *Hauptschriften zur Grundlegung der Philosophie* (Anm. 10), S. 266-268.

15 T. Hobbes, Zweiter Einwand gegen die Meditationen des Descartes, in ders., *Vom Körper*, Hamburg: Meiner, 1967, S. 165.

16 T. Hobbes, *Vom Körper* (Anm. 15), S. 30, 136-139.

17 J.O. de La Mettrie, *Die Maschine Mensch*, Hamburg: Meiner, 1990, S. 27-43, 95-103, 111.

18 J.B. Watson, »Psychology as the Behaviorist Views It«, *Psychological Review* 20 (1913), S. 158, 163, 166 f.

19 Eine ausführlichere Darstellung dieses radikaleren, sogenannten logischen Behaviorismus findet sich bei Putnam (PP2 325 f.). Zur Unterscheidung verschiedener Behaviorismusarten siehe J. Shaffer, »Mind-Body Problem«, in P. Edwards (Hg.), *The Encyclopedia of Philosophy*, Bd. 5, New York: Macmillian, 1967, S. 338.

20 J. Owens, »Mind-Body«, in H. Burkhardt und B. Smith (Hg.), *Handbook of Metaphysics and Ontology*, Bd. 2, München: Philosophia, S. 559; RR xi.

21 Das gilt nicht nur für digitale (serielle), sondern auch für neuronale (parallele) Computer, was in der neueren Diskussion über

künstliche Intelligenz gern übersehen wird. Vgl. dazu R. Penrose, *The Emperor's New Mind*, New York: Penguin, 1991, S. 24, 48.

22 Die von Charles Babbage in der ersten Hälfte des 19. Jahrhunderts entworfenen, allerdings nur zum Teil gebauten mechanischen Rechenmaschinen waren erstaunlicherweise in der Lage, die Werte polynomialer Funktionen siebenter Ordnung auf 31 Stellen zu berechnen. Vgl. dazu D.D. Swade, »Redeeming Charles Babbage's Mechanical Computer«, *Scientific American* 268/2 (1993), S. 62-67.

23 Diese Kritik an der Freudschen Psychologie findet sich in abgewandelter Form beim einflußreichen amerikanischen Behavioristen Skinner, der Freud vorwirft, die Ursachen des menschlichen Verhaltens zu sehr im Menschen selbst – quasi im autonomen System der Psyche – angesiedelt zu haben: B.F. Skinner, »Critique of Psychoanalytic Concepts and Theories«, in H. Feigl und M. Scriven (Hg.), *Minnesota Studies in the Philosophy of Science*, Bd. 1, Minneapolis: University of Minnesota Press, 1956, S. 79 f., 85 f.

24 In deskriptiven Aussagen wie »Ich habe Schmerzen« wird der psychologische Terminus »Schmerz« rapportierend verwendet. Diese »direkte« Verwendungsweise ist Teil seiner Bedeutung. Letztere kann folglich nicht ausschließlich durch die Beziehung zur Bedeutung anderer psychologischer Termini definiert werden. (PP2 xii, 399, 401, 448) Später hat Putnam die These von der Unabgeschlossenheit des psychischen Systems zurückgenommen und einen entgegengesetzten Standpunkt vertreten, wonach der Geist autonom sei. (PP2 xiv, 291) Aber noch 1981 hielt er den Funktionalismus alles in allem für richtig. (RTH 79)

25 Leider hat Putnam einer derartigen Deutung selber Auftrieb verliehen. Seit dem 1973 veröffentlichten Aufsatz »Philosophy and Our Mental Life« hat er nämlich des öfteren fälschlicherweise behauptet, in seinen früheren Arbeiten den Menschen als Turing-Maschine aufgefaßt zu haben. (PP2 298; RPY 4)

26 Sehr ähnliche Formulierungen zur Beschreibung des Privatheitsphänomens verwendet L. Wittgenstein, *Philosophische Untersuchungen,* Werkausgabe Bd. 1, Suhrkamp: Frankfurt, 1984, § 246.

27 Putnam spricht in diesem Zusammenhang von »C-Fibern«. Der

Ausdruck »nicht-myelinisierte Nervenfiber« ist heute jedoch geläufiger.

28 Max Blacks Einwand wurde mündlich vorgelegt, und zwar an einer Tagung am New York University Institute of Philosophy, die am 15. und 16. Mai 1959 stattfand.

29 Ein analoges Beispiel aus der physikalischen Chemie ist die Tatsache, daß etwas unmöglich ein Goldatom sein kann, wenn es nicht 79 Protonen enthält.

30 Davon zeugt die an verschiedenen Stellen auftauchende, aber irreführende Behauptung, der Funktionalismus sei eine Form des Materialismus. (PP2 442, 450; RTH 78 f.)

31 Vgl. Anm. 24. Zur Unterscheidung zwischen Beobachtungstermini und theoretischen Termini beziehungsweise zwischen Beobachtungssätzen und theoretischen Sätzen siehe § 29.

32 Dem Materialisten stünde dann bestenfalls der folgende Ausweg offen: Er könnte einerseits zugeben, daß sich ein hungriger Mensch und ein hungriger Tintenfisch in verschiedenen Gehirnzuständen befinden (nennen wir sie P_1 und P_2), aber andererseits behaupten, daß die Disjunktion dieser Zustände ($P_1 \vee P_2$) ihrerseits auch ein physikalischer Zustand ist. Dann befänden sich ein hungriger Mensch und ein hungriger Tintenfisch sehr wohl in einem gemeinsamen physikalischen Zustand (nämlich $P_1 \vee P_2$), den man mit dem psychologischen Phänomen des Hungers identifizieren könnte. Die Annahme, $P_1 \vee P_2$ sei ein physikalischer Zustand, ist allerdings ad hoc und kaum zu rechtfertigen. (PP2 398, 437).

33 P. Ziff, »The Feeling of Robots«, *Analysis* 19 (1959), S. 64-68.

34 J. J. C. Smart, »Professor Ziff on Robots«, *Analysis* 19 (1959), S. 117 f.

35 So sagt er an einer Stelle wörtlich: »The mechanical ›mice‹ constructed by Shannon have a psychology, but no one would contend that they are alive or conscious«. (PP2 395)

36 Ein Beispiel hierzu findet sich in N. Wiener, »The Brain and the Maschine«, in S. Hook (Hg.), *Dimensions of Mind*, New York: New York University Press, 1960, S. 114 f.

37 Für weitere Argumente gegen Ziffs Einwand siehe PP2 402-404.

38 Für entsprechende Originalstellen siehe L. Wittgenstein, *Philosophische Untersuchungen* (Anm. 26), §§ 244, 257.

39 Putnam überträgt dieses Gedankenexperiment an einer anderen Stelle (PP2 332 f.) direkt auf Menschen.

40 J.R. Searle, »Minds, Brains, and Programs«, *The Behavioral and Brain Sciences* 3 (1980), S. 423; J.R. Searle, *Minds, Brains and Science*, London: Penguin, 1989, S. 38.

41 R. Descartes, *Die Prinzipien der Philosophie*, Hamburg: Meiner, 1965, S. 49-53.

42 Brief vom 18. August 1716 an Samuel Clarke, in S. Clarke, *Der Briefwechsel mit G.W. Leibniz von 1715/1716*, Hamburg: Meiner, 1990, S. 75, 102.

43 I. Kant, *Kritik der reinen Vernunft*, Akademie-Textausgabe, Bd. 3, Berlin: de Gruyter, 1968, S. 7-16 (B VII-XXV).

44 Für eine ausführlichere Darstellung dieser Problematik und der historischen Entwicklung, die zur linguistischen Wende führte, siehe A. Burri, »The Linguistic Winding Road«, *Dialectia* 46 (1992), S. 215-219.

45 M. Schlick, »Die Wende der Philosophie«, *Erkenntnis* 1 (1930), S. 5

46 »Die Umgangssprache ist ein Teil des menschlichen Organismus und nicht weniger kompliziert als dieser. Er ist menschenunmöglich, die Sprachlogik aus ihr unmittelbar zu entnehmen. Die Sprache verkleidet den Gedanken. Und zwar so, daß man nach der äußeren Form des Kleides nicht auf die Form des bekleideten Gedankens schließen kann«. L. Wittgenstein, *Logisch-philosophische Abhandlung* (Anm. 8), § 4.002.

47 R. Carnap, »Die alte und die neue Logik«, *Erkenntnis* 1 (1930), S. 12, 26.

48 Ebenda, S. 16-18.

49 Für Wittgenstein machte insbesondere Russells Aufsatz »On Denoting« die Überlegenheit der neuen Logik klar: »Russells Verdienst ist es, gezeigt zu haben, daß die scheinbare logische Form [d.h. die grammatikalische Struktur] des Satzes nicht seine wirkliche sein muß.« L. Wittgenstein, *Logisch-philosophische Abhandlung* (Anm. 8), § 4.0031. Allerdings hält er die neue Logik, wie sie Frege, Russell und Whitehead vorgelegt haben, noch für verbesserungsbedürftig: ebenda, § 3.325.

50 Den Kantischen Geist der frühen Philosophie Wittgensteins hat vor allem Erik Stenius herausgestrichen: E. Stenius, *Wittgenstein's Tractatus,* Oxford: Blackwell, 1960, S. 214-220.

51 Die Wendung »Form des Denkens« findet sich zum Beispiel in I. Kant, *Kritik der reinen Vernunft* (Anm. 43), S. 75 (B 75).

52 L. Wittgenstein, *Logisch-philosophische Abhandlung* (Anm. 8), §§ 4.003, 4.11-4.113, 6.53.

53 Darin liegt eines der positiven Ergebnisse des Kantischen Unterfangens.

54 Ebenda, § 5.136. Vgl. dazu auch §§ 6.32, 6.321, 6.36.

55 M. Black, *A Companion to Wittgenstein's »Tractatus«*, Cambridge: Cambridge University Press, 1964, S. 185.

56 L. Wittgenstein, *Logisch-philosophische Abhandlung* (Anm. 8), §§ 3.324, 3.325.

57 Ebenda, §§ 5.511, 6.13, 6.22.

58 Ebenda, §§ 5.454, 6.113.

59 Ohne den Widerspruch zu bemerken, hat Schlick diesen wichtigen Punkt bereits zum Ausdruck gebracht. Er spricht nämlich in einem verwandten Zusammenhang von der »Einsicht in das *Wesen des Logischen selber.*« M. Schlick, »Die Wende der Philosophie« (Anm. 45), S. 6, meine Hervorhebung.

60 Das scheint Wittgenstein in einer späteren Arbeit einzugestehen, wenn er schreibt: »Zu einer richtigen Analyse können wir einzig und allein durch eine sozusagen logische Untersuchung der Phänomene selbst gelangen, d.h. nicht durch Mutmaßungen über apriorische Möglichkeiten, sondern in gewissem Sinne a posteriori. [...] Eine atomare Form läßt sich nicht vorhersehen.« L. Wittgenstein, »Bemerkungen über logische Form«, in ders., *Vortrag über Ethik*, Frankfurt: Suhrkamp, 1989, S. 21.

61 Als erster scheint Karl Menger diese Redeweise kritisiert zu haben: K. Menger, »Vorwort«, in F. Waismann, *Einführung in das mathematische Denken*, Wien: Gerold, 1936, S. VI.

62 An entsprechenden Versuchen hat es allerdings nicht gefehlt. Vgl. zum Beispiel W. V. Quine, *Philosophy of Logic*, Cambridge: Harvard University Press, 1986, S. 80 f. Daß gerade Quine, der in seinen früheren Arbeiten die Revidierbarkeit der Logik stets betont hat (siehe § 16), nun in *Philosophy of Logic* die klassische Logik als *die* Logik zu verteidigen versucht, ist sonderbar. Putnam nennt Quines diesbezüglichen Gesinnungswandel zu Recht ein »backsliding« (PP3 92, Anm. †).

63 W. V. Quine, »Two Dogmas of Empiricism«, in ders., *From a Logical Point of View*, New York: Harper & Row, 1961, S. 24-26.

64 Ebenda, S. 28-31.

65 Ebenda, S. 41-43. Die Quinesche Doktrin, wonach Sätze nicht

einzeln überprüft werden können, wird als Holismus bezeichnet. Für sie spricht im übrigen auch, daß die Sätze einer wissenschaftlichen Theorie nur gemeinsam empirisch verifizierbare Voraussagen implizieren. Daß wir im Falle eines Widerspruchs zwischen einer Voraussage einerseits und dem tatsächlich eintretenden Phänomen andererseits die Wahl haben, welche Aussagen der Theorie wir revidieren wollen, ist die sogenannte These von der empirischen Unterdeterminiertheit wissenschaftlicher Theorien.

66 Ebenda, S. 20, 42.

67 Dieser Aufsatz liegt auch in einer separat erschienenen deutschen Übersetzung vor: H. Putnam, *Die Bedeutung von »Bedeutung«*, Frankfurt: Klostermann, 1979.

68 R. Montague, »Universal Grammer«, in ders., *Formal Philosophy*, New Haven: Yale University Press, 1976, S. 222-246; D. Davidson, »Truth and Meaning«, in ders., *Inquiries into Truth and Interpretation*, Oxford: Clarendon Press, 1984, S. 17-36.

69 H. Putnam, »Comment on Wilfried Sellars«, *Synthese* 27 (1974), S. 454.

70 Darüber hinaus betrachtet Putnam – im Gegensatz zu Wittgenstein – auch die Logik als empirische Wissenschaft, welche wahre oder falsche Beschreibungen der Welt enthält. Seine diesbezüglichen Thesen stützen sich allerdings auf eine bestimmte Interpretation der Quantentheorie, welche hier nicht behandelt werden kann: H. Putnam, »How to Think Quantum-Logically«, *Synthese* 29 (1974), S. 55-61; PP1 78, 177-184; PP3 96. Für eine vorsichtigere Einschätzung siehe PP3 51, 269.

71 An einer anderen Stelle hält Putnam sogar in aller Deutlichkeit fest: »Clarifying the nature of [...] diverse kinds of statements is the most important work that a philosopher can do.« (PP2 41)

72 »The notion of meaning is stubborn. It does not submit readily to satisfactory scientific formulation«. W. V. Quine, »Use and Its Place in Meaning«, *Erkenntnis* 13 (1978), S. 1.

73 Ganz ähnlich argumentiert auch Saul Kripke. Allerdings zieht er daraus den Schluß, daß das Gestreiftsein oder die Katzenähnlichkeit nicht zur Bedeutung des Wortes »Tiger« gehören kann: S. Kripke, »Naming and Necessity«, in D. Davidson und G. Harman (Hg.), *Semantics of Natural Language*, Dordrecht: Reidel, 1972, S. 316-318.

74 G. Frege, »Über Sinn und Bedeutung«, in ders., *Funktion, Be-*

griff, Bedeutung, Göttingen: Vandenhoeck & Ruprecht, 1962, S. 41. Frege verwendete eine Terminologie, die sich in der Folge nicht durchzusetzen vermochte: Bedeutung nennt er »Sinn«, Referenz hingegen »Bedeutung«.

75 Allerdings trifft das nicht auf alle natürlichen Arten zu: Elementarteilchen und chemische Elemente bilden eine Ausnahme.

76 H. Putnam, »Comment on Wilfried Sellars« (Anm. 69), S. 450.

77 S. Kripke, »Naming and Necessity« (Anm. 73), S. 318.

78 G. Frege, »Über Sinn und Bedeutung« (Anm. 74), S. 40-42.

79 S. Kripke, »Naming and Necessity« (Anm. 73), S. 302.

80 G. Frege, »Über Sinn und Bedeutung« (Anm. 74), S. 44.

81 S. Kripke, »Naming and Necessity« (Anm. 73), S. 269 f.

82 n-Tupel sind, vereinfacht gesagt, Mengen, deren Elmente geordnet sind. Ein geordnetes 2-Tupel <x, y> wird »geordnetes Paar« genannt und üblicherweise als {{x}, {x, y}} definiert. Der allgemeinere Begriff des n-Tupels läßt sich daraus induktiv gewinnen, indem man ein geordnetes 3-Tupel (»Tripel«) <x, y, z> als <<x, y>, z> bestimmt und so weiter.

83 Putnams Sprachphilosophie hat, vereinfacht gesagt, deshalb als realistisch zu gelten, weil die Welt selbst (mitsamt der in ihr enthaltenen natürlichen Arten und kausalen Relationen) die Referenz sprachlicher Ausdrücke mitbestimmt und deren effektive Bedeutung über das Wissen des Durchschnittssprechers und manchmal sogar über dasjenige der gesamten Sprachgemeinschaft hinausgeht. (§§ 17, 20, 21) Von seinen früheren Arbeiten sagt Putnam: »These papers are all written from what is called a realist perspective.« (PP1 vii)

84 Dort verwendet er die raffinierte Formulierung »this (liquid) is water« (PP2 229). Die Einklammerung des Wortes »liquid« löst das Problem aber selbstverständlich nicht.

85 Aristoteles, *Metaphysik,* Hamburg: Meiner, 1982, S. 3 (980 a 21).

86 T. S. Kuhn, »The Road Since Structure«, in A. Fine et al. (Hg.), *PSA 1990,* East Lansing: Philosophy of Science Association, 1991, S. 8.

87 W. V. Quine, »Epistemology Naturalized«, in ders., *Ontological Relativity and Other Essays,* New York: Columbia University Press, 1969, S. 71, 82 f.

88 W. V. Quine, »On Mental Entities«, in ders., *The Ways of Paradox and Other Essays,* Cambridge: Harvard University Press, 1976, S. 22.

89 J. S. Bell, »Six Possible Worlds of Quantum Mechanics«, in ders., *Speakable and Unspeakable in Quantum Mechanics,* Cambridge: Cambridge University Press, 1987, S. 181-195; PP1 149.

90 T. S. Kuhn, *The Structure of Scientific Revolutions,* Chicago: The University Press of Chicago, 1970, S. 15.

91 N. Rescher, *Human Knowledge in Idealistic Perspective,* Princeton: Princeton University Press, 1992, S. 136-145.

92 W. V. Quine, »Naturalism; Or, Living Within One's Means«, unpubliziertes Manuskript, 1993, S. 5. Dieser Punkt findet sich auch bei Putnam. (RPY 10)

93 Die große Bedeutung der Induktion für die Wissenschaft hat vor allem Reichenbach hervorgehoben: H. Reichenbach, »Die philosophische Bedeutung der modernen Physik«, *Erkenntnis* 1 (1930), S. 64 f.

94 P. Duhem, *Ziel und Struktur der physikalischen Theorien,* Hamburg: Meiner, 1978, S. 32.

95 K. Popper, *Logik der Forschung,* Tübingen: Mohr, 1982, S. 8.

96 T. S. Kuhn, *The Structure of Scientific Revolutions* (Anm. 90), S. 185.

97 W. H. Newton-Smith, *The Rationality of Science,* London: Routledge & Kegan, 1981, S. 30.

98 C. Dilworth, »Empiricsm vs. Realism: High Points in the Debate During the Past 150 Years«, *Studies in History and Philosophy of Science* 21 (1990), S. 431.

99 Ebenda, S. 431-449.

100 I. Kant, *Prolegomena zu einer jeden künftigen Metaphysik,* Akademie-Textausgabe, Bd. 4, Berlin: de Gruyter, 1968, S. 294-296.

101 D. Hume, *Eine Untersuchung über den menschlichen Verstand,* Stuttgart: Reclam, 1982, S. 43-46, 50-52, 85-87, 98-101.

102 C. Dilworth, »Idealization and the Abstractive-Theoretical Model of Scientific Explanation«, *Poznan Studies in the Philosophy of the Sciences and the Humanities* 16 (1989), S. 167-171.

103 P. Duhem, *Ziel und Struktur der physikalischen Theorien* (Anm. 94), S. 103 f., 121.

104 Diesen Standpunkt haben vor allem Carl Hempel und Paul Oppenheim vertreten. Ihrer einflußreichen Auffassung nach unterscheidet sich die logische Struktur einer Erklärung nicht von derjenigen einer Voraussage: C. Hempel und P. Oppenheim, »Studies in the Logic of Explanation«, in C. Hempel, *As-*

pects of Scientific Explanation and Other Essays in the Philosophy of Science, New York: Free Press, 1965, S. 247 f.

105 W. V. Quine, »On Empirically Equivalent Systems of the World«, Erkenntnis 9 (1975), S. 324; W. V. Quine, »Things and Their Places in Theories«, in ders., Theories and Things, Cambridge: Belknap, 1981, S. 2.

106 An einer anderen Stelle schreibt Putnam jedoch, Reichenbachs Philosophie müsse nicht zwangsläufig konventionalistisch interpretiert werden. (PP2 153 f.) Ein entsprechendes Argument findet sich in PP2 viii.

107 A. Einstein, »Zur Elektrodynamik bewegter Körper«, Annalen der Physik 17, (1905), S. 891-921.

108 A. Einstein, »Physik und Realität«, Journal of the Franklin Institute 221 (1936), S. 322.

109 So schreibt Putnam, Reichbach sei von Einsteins eigener, fehlerhaften Analyse der speziellen Relativitätstheorie »verführt« worden. (PP2 175)

110 »Daß es körperliche Objekte [d.h. Maßstäbe] gibt, denen wir innerhalb eines gewissen Wahrnehmungsgebietes keine Änderungen des Zustandes, sondern nur solche der Lage zuzuschreiben haben, ist für die Bildung des Raumbegriffs fundamental wichtig«. A. Einstein, »Physik und Realität« (Anm. 108), S. 319. Einsteins empiristische Haltung, die hier zum Ausdruck kommt, ist deshalb bemerkenswert, weil er im späteren Streit mit Niels Bohr um die Interpretation der Quantenmechanik keinen empiristischen, sondern einen realistischen Standpunkt eingenommen hat: A. Einstein, B. Podolsky und N. Rosen, »Can Quantum-Mechanical Description of Physical Reality Be Considered Complete?«, Physical Review 47 (1935), S. 777.

111 Wie hoch der Grad der von Grünbaum behaupteten Willkürlichkeit physikalischer Definitionen sein kann, ist auch Gegenstand seiner Kontroverse mit Putnam. Vgl. PP1 114 f., 207 f.

112 A. Einstein, »Zur Elektrodynamik bewegter Körper« (Anm. 107), S. 894.

113 Hier versteht Putnam unter einer Vorraussage offensichtlich keinen Beobachtungssatz, sondern ein empirisches Gesetz (§ 26). Für die Kritik an Popper spielt das aber keine Rolle.

114 H. Reichenbach, Der Aufstieg der wissenschaftlichen Philosophie, Braunschweig: Vieweg, 1968, S. 149.

115 Ebenda, S. 150.

116 Denn sonst hätte man die geometrischen Begriffe nicht mehr anwenden und infolgedessen über den physikalischen Raum auch nichts mehr sagen können: »To abandon Euclidian geometry before non-Euclidian geometry was invented would be to ›let our concepts crumble‹«. (PP1 243)

117 »Falsch« muß allerdings mit Vorsicht genossen werden, weil es Steven Weinberg in der Zwischenzeit gelungen zu sein scheint, eine zur allgemeinen Relativitätstheorie äquivalente Theorienversion zu erarbeiten, die ohne die Annahme eines gekrümmten Raumes (beziehungsweise einer gekrümmten Raumzeit) auskommt. (PP3 164)

118 Als zweidimensionale Analogie eines positiv gekrümmten dreidimensionalen Raumes stellen wir uns am besten eine Kugeloberfläche vor.

119 Als weiteres überzeugendes Beispiel eines transtheoretischen Terminus führt Putnam den Begriff der kinetischen Energie ins Feld. (PP2 52 f.)

120 H. Putnam, »Truth, Activation Vectors and Possession Conditions for Concepts«, *Philosophy and Phenomenological Research* 52 (1992), S. 444 f.

121 T. S. Kuhn, *The Structure of Scientific Revolutions* (Anm. 90), S. 120-122, 127 f.

122 So sagt Kuhn wörtlich: »Though the world does not change with a change of paradigm [i. e. theory], the scientist afterward works in a different world.« Ebenda, S. 121. Vgl. dazu auch § 42.

123 Daß alle Sätze einer Theorie einen Wahrheitswert haben und in dem Sinn als Beschreibungen einer – größtenteils »hinter« den Phänomenen lokalisierten – Realität zu verstehen sind, läßt keinen Zweifel am realistischen Standpunkt des frühen Putnams offen. Vgl. § 27; PP1 vii; PP2 178.

124 H. Putnam, *Philosophy of Logic*, London: Allen & Unwin, 1972, S. 72. Dieser Text wurde in die Zweitauflage von *Mathematics, Matter and Method* (Cambridge: Cambridge University Press, 1979) aufgenommen.

125 In »Realism and Reason« (insbesondere MMS 123) verwendet Putnam die Bezeichnung »interner Realismus« allerdings noch nicht in der heute gebräuchlichen Weise, wie er selbst zugegeben hat (mündliche Mitteilung anläßlich seines Seminars »Realism, Anti-Realism and Logic«, Harvard University, Herbst 1991).

126 P. Feyerabend, *Erkenntnis für freie Menschen,* Frankfurt: Suhrkamp, 1987, S. 17 f., 28, 30, 39.

127 Allerdings hat er anderswo den einheitlichen (»monolithischen«) Charakter unseres Begriffssystems betont (PP2 40, 42) – was die Existenz mehrerer wahrer Gesamttheorien praktisch ausschließt.

128 »The statements of science are in my view either true or false (although it is often the case that we don't know which)«. (PP1 vii)

129 Putnams sonderbare Einschätzung seiner eigenen früheren Arbeiten zeigt sich auch an der Terminologie, setzt er doch an einer Stelle den empirischen Realismus mit dem internen Realismus gleich. (PP3 85) Dies entspricht aber natürlich nicht der Art, wie die Bezeichnung »empirischer Realismus« in § 33 eingeführt worden ist.

130 Dieses Buch ist auch in einer deutschen Übersetzung erschienen: H. Putnam, *Vernunft, Wahrheit und Geschichte,* Frankfurt: Suhrkamp, 1982.

131 R. Descartes, *Meditationen über die Grundlagen der Philosophie* (Anm. 9), Meditation I, § 12.

132 H. Putnam, »Model Theory and the ›Factuality‹ of Semantics«, in A. George (Hg.), *Reflections on Chomsky,* Oxford: Blackwell, 1989, S. 213-220.

133 Rorty hat den Standpunkt vertreten, daß Wahrheit, Rationalität und Objektivität nur als Übereinkunft zwischen Menschen beziehungsweise als Übereinstimmung mit gewissen sozialen Normen oder Konventionen verstanden werden können: R. Rorty, *Philosophy and the Mirror of Nature,* Princeton: Princeton University Press, 1979, S. 320, 337, 340, 361. Und an anderen Stellen bezeichnet er den Gebrauch von Wörtern wie »wahr« als Kompliment, das man gewissen Äußerungen oder Diskursformen macht: ebenda, S. 372; R. Rorty, *Consequences of Pragmatism,* Minneapolis: University of Minneapolis Press, 1982, S. xvii. Eine Darstellung von Rortys Relativismus findet sich auch bei Putnam. (RPY 67-71.

134 Die kürzeste und pointierteste Art, diesen Einwand zu formulieren, stammt von Alan Garfinkel: »Relativism isn't true-for-me«. (PP3 288)

135 Ausführlichere Argumente gegen den Kulturrelativismus und

die Inkommensurabilität finden sich in RTH 113-119 (identisch mit PP3 191-197) und PP3 234-238.

136 Zudem hat Putnam einen weiteren, auf Gödelschen Techniken aufbauenden Nachweis dafür vorgelegt, weshalb sich die Rationalität (unsere deduktiven und induktiven Fähigkeiten) nicht vollständig formalisieren läßt. Vgl. dazu A. Burri, »The Linguistic Winding Road« (Anm. 44), S. 221 f.

137 H. Putnam, »The Diversity of the Sciences: Global versus Local Methodological Approaches«, in P. Pettit et al. (Hg.), *Metaphysis and Morality*, Oxford: Blackwell, 1987, S. 138.

138 M. Devitt, *Realism and Truth*, Princeton: Princeton University Press, 1984, S. 110 f., 188 f.

139 H. Putnam, »Three Kinds of Scientific Realism«, *The Philosophical Quarterly* 32 (1982), S. 195 f.

140 N. Goodman, *Ways of Worldmaking*, Indianapolis: Hackett, 1978, S. 4.

141 Ebenda, S. 110.

142 Ebenda, S. 2, 6 f.

143 Ebenda, S. 9, 12 f., 99 f.

144 Dieser Ansatz geht auf Kant zurück: I. Kant, *Kritik der reinen Vernunft* (Anm. 3), S. 304 f. (B 466 f.).

145 H. Putnam, »Meaning Holism and Epistemic Holism«, in K. Cramer et al. (Hg.), *Theorie der Subjektivität*, Frankfurt: Suhrkamp, 1987, S. 256.

146 Ebenda, S. 274.

147 H. Putnam, »Model Theory and the ›Factuality‹ of Semantics« (Anm. 132), S. 223 f.

148 Dieses Buch ist auch in einer deutschen Übersetzung erschienen: H. Putnam, *Repräsentation und Realität*, Frankfurt: Suhrkamp, 1991.

149 H. Putnam, »Meaning Holism and Epistemic Holism« (Anm. 145), S. 277.

150 Gödels Beweis findet sich in K. Gödel, »Über formal unentscheidbare Sätze der Principia Mathematica und verwandter Systeme I«, *Monatshefte für Mathematik und Physik* 38 (1931), S. 173-198. Für eine knappe Darstellung von Gödels Beweis, der im übrigen selbst nicht auf der Modelltheorie beruht, siehe A. Burri, »The Linguistic Winding Road« (Anm. 44), S. 222, Anm. 17, 18. Ein modelltheoretischer Beweis der Unvollständigkeit konnte aber später vorgelegt werden: J. Pa-

ris und L. Harrington. »A Mathematical Incompleteness in Peano Arithmetic«, in J. Barwise (Hg.), *Handbook of Mathematical Logic*, Amsterdam: North-Holland Publishing Company, 1977, S. 1133-1142. Für eine Darstellung des Einflusses von Gödels erstem Unvollständigkeitssatz auf Hilberts formalistisches Programm siehe E. Snapper, »Three Crises in Mathematics: Logicism, Intuitionism and Formalism«, *Mathematical Magazine* 52 (1979), S. 214 f.; A. Prestel, *Einführung in die Mathematische Logik und Modelltheorie*, Braunschweig: Vieweg, 1986, S. VIII-XII.

151 H. Putnam, »Model Theory and the ›Factuality‹ of Semantics« (Anm. 132), S. 214 f.

Interview mit Hilary Putnam

Alex Burri: *Was verbindet Ihrer Meinung nach die Philosophie mit der Wissenschaft einerseits und mit der Kunst andererseits? Gibt es überhaupt nennenswerte Berührungspunkte?*

Hilary Putnam: Beidseitig bestehen verwickelte Zusammenhänge. Heute kann man meines Erachtens nicht mehr in einer apriorischen Weise philosophieren. Die Unterminierung des Apriorismus ist wohl der grundlegendste Beitrag, den die Philosophie im besonderen und das moderne Denken im allgemeinen der Wissenschaft zu verdanken haben. *Jede* Form von Untersuchung kann etwas von der Wissenschaft lernen; in Anlehnung an John Dewey denke ich in diesem Zusammenhang namentlich an den Fallibilismus – alle Untersuchungen sollten durch eine fallibilistische Einstellung geprägt sein –, an eine angemessene Berücksichtigung von Beobachtung und Experiment.

Allgemeiner betrachtet besteht eine enge Verbindung zwischen dem wissenschaftlichen Geist und dem demokratischen Geist. So setzt wissenschaftliche Forschung zum Beispiel die Respektierung anderer Meinungen voraus. Diese allgemeinen wissenschaftlichen Tugenden können dem Denken in anderen Bereichen als Vorbilder dienen. Wenn wir uns aber nicht mit dem methodologischen Geist der Wissenschaft begnügen, sondern auch ihren Inhalt herbeiziehen, um darin metaphysische Antworten zu finden, beginnen wir zu phantasieren.

In bezug auf die Kunst stellt sich die interessante Frage, weshalb die Geschichte der Philosophie seit der Aufklärung eher der Kunst- als der Wissenschaftsgeschichte gleicht. Warum werden Strömungen wie der Modernismus, die Romantik oder jetzt der Postmodernismus – Strömungen, die eher der Kunst als der Wissenschaft angehören – von der Philosophie jeweils sofort übernommen? Das könnte meiner Meinung nach daran liegen, daß sich die Philosophie mit Fragen beschäftigt, die zwar nicht gänzlich subjektiv sind, aber zumindest ein nicht reduzierbares subjektives Element enthalten.

Sie haben in Ihren philosophischen Arbeiten zahlreiche Gedankenexperimente verwendet. Sehen Sie eine Verbindung zwischen den Gedankenexperimenten und der philosophischen Methode?

Ja, die gibt es in der Tat. Wir sollten nicht vergessen, daß Wittgenstein in den *Philosophischen Untersuchungen* den Gebrauch von Gedankenexperimenten ausdrücklich empfiehlt. Er sagt, daß sie uns zu einer Vielzahl unterschiedlicher Einsichten verhelfen können. Sie erlauben es einem beispielsweise, die Kontingenz dessen zu erkennen, was auf den ersten Blick a priori zu sein scheint. Sie ermöglichen es uns, hinsichtlich unserer Praktiken andere Standpunkte einzunehmen und die Kontingenz der menschlichen Natur und der menschlichen Praktiken einzusehen, anstatt diese als Auswüchse der Struktur des Universums zu betrachten. Das ist zwar nicht die einzige Funktion von Gedankenexperimenten, aber einer ihrer wichtigen Aspekte.

Aber gerade Gedankenexperimente sind alles andere als empirisch!

Bei der Philosophie handelt es sich meines Erachtens nicht um eine empirische Disziplin. Heute sehen wir uns mit dem

Problem konfrontiert, daß uns die Zurückweisung des Apriorismus leicht in die Irre führen kann. Wenn uns die Zurückweisung des Apriorismus zu einer Annahme verleitet, wonach alle Fragen einfach empirischer Natur seien, befinden wir uns auf dem Holzweg. Wir müssen vielmehr davon ausgehen, daß es Wahrheiten gibt, welche in einem schwächeren Sinne des Wortes a priori sind, für die wir also keine Garantien – zum Beispiel in Form einer kantischen Theorie der Strukturen der Vernunft – besitzen. Es gibt mit anderen Worten Wahrheiten, die insofern a priori sind, als wir gegenwärtig nicht einmal verstehen würden, was es hieße, sie seien falsch.

Arithmetische Wahrheiten sind von dieser Art. Wenn jemand behauptet, es könnte sich in Zukunft herausstellen, daß 5+5 eigentlich 8 ergibt, verstehe ich nicht, was er damit meint. Und falls jemand einwendet, manchmal habe sich in der Geschichte der Wissenschaft etwas zu einem gewissen Zeitpunkt Unverständliches später nicht nur als verständlich, sondern sogar als wahr erwiesen – nicht-euklidische Geometrien sind das prominenteste Beispiel –, so stimme ich dem zwar zu; wir besitzen in der Tat keine philosophische Garantie dafür, daß wir die Arithmetik nicht doch einmal revidieren werden; das Fehlen einer derartigen Garantie impliziert indessen nicht, daß ich *jetzt* in der Lage bin, die Bedeutung der Behauptung zu verstehen, »5 + 5 = 10« sei falsch.

Die Problematik des Begriffs der notwendigen oder begrifflichen Wahrheit liegt nicht in der Annahme, daß ein Unterschied zwischen begrifflichen und empirischen Untersuchungen besteht – es gibt hier nämlich einen Unterschied –, sondern in der früher oft ins Feld geführten Behauptung, gewisse Wahrheiten seien wegen ihrer begrifflichen Natur nie revidierungsbedürftig. Das trifft nicht zu. Hier hat mein geschätzter Kollege Quine eine Bewegung in Gang gebracht, die möglicherweise weit über das hinausgeht, was er selbst billigen würde. Die Zurückweisung der Unterscheidung zwischen analytischen und synthetischen Sätzen führt also zusammen mit der Idee, daß alle Wahrheiten empirisch seien und eine zukünftige Wissenschaft infolgedessen *alles* zu entdecken vermöge, zur These, es könnte sich in Zukunft herausstellen, daß 5 + 5 eigentlich 25 ergibt. (*Lacht.*)

Was hat Sie dazu bewogen, Philosophie zu studieren?

Ich begann bereits in der *high school*, mich mit Philosophie zu beschäftigen, und zwar auf eigene Faust. Im *senior year* besuchte ich dann einen einsemestrigen Kurs über englische Philosophen von Bacon bis Mill. Mich faszinierten damals vor allem die großen, wunderbaren metaphysischen Entwürfe, auch wenn ich diese in der *high school* nur sehr unvollkommen verstand. Ich begreife also sehr gut, weshalb sich jemand von Spinoza oder Kant angesprochen fühlt: Beide haben große und aufregende Entwürfe hinterlassen.

Im *college* begann ich mich auch für methodologische Fragen zu interessieren. Ich hatte das Glück, mein Studium zu einer Zeit aufzunehmen, als die moderne Transformationslinguistik gerade erfunden wurde: Zellig Harris hatte damals den Lehrstuhl für Linguistik in Pennsylvania. Er entwickelte die Idee der Transformation, und Noam Chomsky und ich waren die beiden *undergraduates* in seinen Veranstaltungen. Mein Interesse galt auch der Mathematik – die mich seither nicht mehr losgelassen hat. Irgendwie wandte ich mich dann der mich noch immer beschäftigenden wissenschaftstheoretischen Frage zu, was es für die Wissenschaftstheorie bedeutet, wenn man nicht die Physik, sondern eine andere Disziplin wie beispielsweise die Linguistik zum Paradigma der Wissenschaft erklärt.

Damals habe ich auch damit angefangen, mich der Philosophie der Physik zu widmen, und ich tue das nach wie vor. Aber ich war mir immer bewußt, daß es auch andere vollwertige Wissenschaften gibt und man nicht einfach sagen kann, eine Disziplin sei nur insofern wissenschaftlich, als sie der Physik gleiche. Ich hatte mit anderen Worten keine bestimmte Meinung darüber, wie echte Philosophie aussehen muß. Kierkegaard war einer meiner Lieblingsautoren im *college*, ebenso Sartre. Mich interessierte vieles: die Geschichte der Philosophie, die Wissenschaftstheorie, Marx, Freud.

Während Ihrer Laufbahn haben Sie zahlreiche Philosophen kennengelernt. Wer hat Sie am stärksten beeinflußt?

Der erste Einfluß geht auf den Pragmatismus zurück. An der Universität von Pennsylvania lehrten zwar keine bekannten Pragmatisten, aber es gab einen pragmatisch ausgerichteten Professor, C. West Churchman, der im übrigen der Philosophie später den Rücken kehrte und Professor für *operations research* an der Universität von Kalifornien in Berkeley wurde. Während des Krieges hatte er hauptsächlich statistisch gearbeitet. In seiner Wissenschaftstheorie legte er großes Gewicht auf die Frage, wie Experimente tatsächlich aufgebaut und bewertet werden. Sein Ansatz unterschied sich sehr stark von der Art und Weise, wie die üblichen Einführungen in die Wissenschaftstheorie Experimente zu beschreiben pflegten. Später beschäftigte ich mich mit der eigentlichen statistischen Methode, insbesondere derjenigen von Ian Hacking. Zu jener Zeit war der Ansatz, über Versuchsanordnungen und die statistische Evaluation von Experimenten zu sprechen, jedoch völlig neu. Das veranlaßte uns im übrigen dazu, auch Statistik zu lernen.

Gleichzeitig war Churchman auch an William James' Denken interessiert. Meine erste Begegnung mit der pragmatistischen Tradition verdanke ich Churchman und, etwas später, Morton White, der vor seinem Wechsel nach Harvard ebenfalls an der Universität von Pennsylvania lehrte. White führte eine Veranstaltung über die Geschichte dessen durch, was er die Auflehnung gegen den Formalismus nannte – also nicht nur des Pragmatismus im besonderen, sondern der ganzen, von der Geschichte über das Recht bis zur Soziologie reichenden antiformalistischen Bewegung im allgemeinen, die zwischen den Weltkriegen in den Vereinigten Staaten eine große Rolle spielte. Churchman und White haben mich in den Pragmatismus eingeführt. Über Pragmatismus machte ich mir allerdings lange Zeit keine großen Gedanken; er bildete vielmehr meinen philosophischen Hintergrund, ebenso wie eine Veranstaltung über Deweys Logik, die ich an der Universität von Kalifornien besuchte.

Dann kam Quine. 1948/49 hielt ich mich für ein Jahr in Harvard auf, um Mathematik und Philosophie zu studieren, und geriet dort unter den starken Einfluß Quines. Er hatte »Two Dogmas of Empiricism« damals noch nicht publiziert, aber ich konnte mich trotzdem bereits mit dem Standpunkt, der sich später in seinen Aufsätzen »On What There Is« und »Two Dogmas of Empiricism« niedergeschlagen hat, vertraut machen. Als ich dann an die Universität von Kalifornien in Los Angeles wechselte, lernte ich Reichenbach kennen. Eine kurze Darstellung des Einflusses, den Reichenbach auf mein Denken ausübte, findet sich in meinem Aufsatz »Reichenbach's Metaphysical Picture« (*Erkenntnis* 35 (1991), S. 61-75).

Und später? Michael Dummett?

Dummett kam viel später. In der Zwischenzeit arbeitete ich eine eigene Position aus. Ich erhielt mein Ph. D. im Jahre 1951. Danach hatte ich zwar oft Gelegenheit, mit Carnap zu sprechen, aber ich teilte seine Auffassungen nicht. Während zweier Jahre trafen wir uns jede Woche, um miteinander zu diskutieren. Er behandelte mich wie einen völlig Ebenbürtigen, was natürlich eine wundervolle Erfahrung gewesen ist. Aber ich übernahm seinen Standpunkt nicht, da ich mich damals bereits vom Positivismus zu distanzieren begann. Carnap war aber sicherlich einer der beeindruckendsten Denker, mit denen ich einen unmittelbaren Gedankenaustausch habe pflegen können.

In jener Zeit wandte ich mich einerseits der mathematischen Logik zu. Ich wollte sehen, ob es mir gelingen würde, mathematische Theoreme zu beweisen, und es stellte sich heraus, daß ich das tatsächlich konnte. Und andererseits habe ich mir, wie gesagt, langsam einen eigenen philosophischen Standpunkt erarbeitet. Kurz nachdem ich 1957 in der *Philosophical Review* einige Aufsätze zum Problem unverträglicher Farben publiziert hatte, schrieb ich den einige Jahre später veröffentlichten Aufsatz »The Analytic and the Synthetic« (PP2 33-69), in dem ich erstmals mit eigener Stimme sprach. Man kann darin sehen, was ich von meiner Beschäftigung mit Quine, Reichenbach und der *ordinary language philosophy* gelernt habe; Hilary Putnam ist hier erstmals als Philosoph zu sehen.

Nach 1957 begann ich überdies, den Funktionalismus zu entwickeln und die Unterscheidung zwischen Beobachtung und Theorie anzugreifen. Die drei Jahre von 1957 bis 1960 waren für mich außerordentlich fruchtbar. Damals stand mein Denken jedoch – wenn ich von gleichaltrigen Kollegen einmal absehe – unter keinem nennenswerten äußeren Einfluß.

1976 vollzog sich in Ihrem Denken eine recht einschneidende Wende. Könnten Sie Ihre Positionen vor und nach 1976 je kurz skizzieren?

Einige meiner früheren Darstellungen dieser Wende scheinen mir heute etwas übertrieben. Ich habe in dem meiner Philosophie gewidmeten Band der *Philosophical Topics* kürzlich versucht, sie zu korrigieren. (Vgl. H. Putnam, »Replies«, *Philosophical Topics* 20 (1992), S. 347-408). Nach der Wende bezeichnete ich mein früheres Ich manchmal als »metaphysischen Realisten«, aber ich denke heute nicht mehr, daß das zutrifft. Denn ich hatte schon in zahlreichen frühen Aufsätzen versucht, eine metaphysisch-realistische Perspektive zu vermeiden, zum Beispiel mit Formulierungen wie »... sogar ein ausgeklügelter Verifikationist muß dem zustimmen«.

Erst in meiner marxistischen Phase – während des Vietnamkrieges – wurde ich zu einem harten metaphysischen Realisten, weil mir diese Auffassung am ehesten mit dem dialektischen Materialismus verträglich zu sein schien. Mein Bruch mit dem metaphysischen Realismus kam einige Jahre später, als ich nur gerade meinen unmittelbar vorangehenden Standpunkt vor Augen hatte – einen Standpunkt, den im übrigen auch einige meiner Studenten wie Richard Boyd, Michael Devitt oder Harty Field vertraten. Auch sie hatten damals an den Aktivitäten der *Students for a Democratic Society* teilgenommen und einen marxistischen Standpunkt vertreten. Die meisten von ihnen halten nach wie vor an der harten materialistischen Auffassung fest, die sie sich in jener Periode aneigneten.

War der Materialismus die einzige Quelle Ihres metaphysischen Realismus?

Nun, es gab zwei Quellen. Die eine war der Materialismus, die andere bestand im Versäumnis, zwei Standpunkte klar zu unterscheiden. Ich betrachte gute Philosophie als einen Gang auf des Messers Schneide: Wenn man auf die eine oder andere Seite kippt, fällt man ganz hinunter. (*Lacht.*) Ich bin in gewisser Weise noch immer Realist. Im Alltagsrealismus steckt ein Körnchen Wahrheit. Das eigentliche Problem besteht nun darin, den Unterschied zwischen dem Alltagsrealismus einerseits und dem transzendenten beziehungsweise physikalischen Realismus andererseits herauszuarbeiten. Heute versuche ich, den physikalischen Realismus aus der Sicht des Alltagsrealismus zu kritisieren.

Welches sind denn die Hauptzüge dieser neuen Position?

Das läßt sich nicht ohne weiteres sagen, da meine Ideen noch immer einem Wandel unterworfen sind. Heute setze ich die Schwerpunkte anders als unmittelbar nach der Wende. Die Arbeiten, die ich gegen Ende des Jahres 1976 verfaßte – meine *Locke Lectures* und meine Ansprache vor der *American Philosophical Association* – beendeten eine mehrjährige Periode meines Denkens, in der ich mehr und mehr einzusehen begann, daß die Semantik, welche dem klassischen Realismus zugrunde liegt, hoffnungslos metaphysisch ist; ich lasse mich manchmal zur Behauptung hinreißen, sie sei eine Semantik des 14. Jahrhunderts. Insbesondere kam ich zur Überzeugung, daß zahlreiche Begriffe des metaphysischen Realismus unhaltbar sind, namentlich die Vorstellung, man könne sinnvollerweise von *allen Entitäten* sprechen – als ob die Ausdrücke »Entität« oder »Objekt« eine einzige, feststehende Bedeutung hätten –, sowie die Illusion, es gäbe eine Antwort auf die Frage, aus welchen Objekten die Welt besteht.

Jene Überzeugung nannte ich später »internen Realismus« oder »begriffliche Relativität«. Sie beruht auf der Idee, daß es zwar eine wirkliche Welt gibt, diese uns ihre eigene Beschreibung aber nicht diktiert. Der interne Realismus impliziert kein *anything goes*, sondern trägt der Tatsache Rechnung, daß es viele verschiedene Beschreibungen der Welt gibt, die von unseren Interessen und Fragen abhängen sowie davon, was wir mit den Antworten auf diese Fragen zu tun gedenken. Hingegen scheint mir die Annahme, gewisse Beschreibungen würden die Welt so erfassen, wie diese an sich ist, gehaltlos zu sein. Denn jede wahre Beschreibung ist eine Beschreibung der Art, wie die Welt ist. Wir benötigen zwar eine Unterscheidung zwischen Wahrheit und Falschheit, aber die Vorstellung, es gäbe unter den wahren Aussagen eine privilegierte Menge von Sätzen, welche die Welt an sich beschreiben, macht keinen Sinn.

Erst nach meiner Ablehnung des metaphysischen Realismus begann ich zu verstehen, was an Kants Philosophie richtig ist. Ich bin allerdings kein kantischer Idealist. Aber er war der erste Philosoph, der einsah, daß wir die Welt nie einfach nur abbilden. Die Welt zu beschreiben, heißt nicht, sie abzubilden. Das ist meiner Meinung nach eine wichtige Einsicht. Was diesen Punkt betrifft können sowohl die pragmatistische Bewegung als auch Wittgenstein – allerdings in unterschiedlicher Weise – zur kantischen Tradition gezählt werden.

Als ich den internen Realismus vorlegte, hatte ich einen positiven und einen negativen Aspekt vor Augen. Der negative Aspekt, mit dem ich noch immer einverstanden bin, besagt, daß die in der anglo-amerikanischen Philosophie sehr einflußreichen Leute, die glauben, die Realismus-Streitfrage sei empirisch, einen fundamentalen Fehler begehen. Diese Annahme galt damals als attraktivste Form des metaphysischen Realismus und dürfte es, zumindest in der amerikanischen Philosophie und in den Kognitionswissenschaften, noch heute sein. Sie besagt also, daß der Realismus eine empirische Hypothese ist, die den Erfolg der Wissenschaft erklärt. In »Realism and Reason« (MMS 123-140) und »Models and Reality« (PP3 1-25) habe ich zu zeigen versucht, weshalb es hier keine empirische Streitfrage geben kann – jede denkbare empirische Entdeckung wird von einem Antirealisten antirealistisch, von einem Realisten hingegen realistisch interpretiert.

Dem stimme ich noch heute zu. Geirrt habe ich mich meines Erachtens jedoch in bezug auf den positiven Aspekt, nämlich die Gleichsetzung der Wahrheit mit idealisierter rationaler Akzeptierbarkeit.

Und wie verstehen Sie den Wahrheitsbegriff heute?

Das läßt sich nicht in zwei, drei Sätzen sagen. Ich würde es wie folgt formulieren: Um den Begriff der Wahrheit zu verstehen, muß man verstehen, wie man Behauptungen verwendet; Wahrheit läßt sich – das hat bereits Wittgenstein gesehen, aber er wurde diesbezüglich oft falsch interpretiert – nicht unabhängig davon verstehen, wie wir jene deklarativen Sätze einer Sprache auffassen, von denen wir sagen, sie seien wahr oder falsch. Man kann also nicht sagen: Da ich erfahren habe, was Wahrheit ist, verstehe ich jetzt auch, was eine Proposition ist, indem ich überprüfe, welcher Wahrheitswert ihr zukommt. Das Verstehen von Propositionen und das Verstehen der Begriffe der Wahrheit und Falschheit gehen also Hand in Hand. Und weil Propositionen – das ist ein wichtiger Punkt, den auch Wittgenstein betont hat – verschiedene Aufgaben erfüllen, erhalten auch Wahrheit und Falschheit je nach der gerade verwendeten Sprache eine andere Ausprägung.

Meines Erachtens unterscheiden sich beispielsweise die mathematischen Wahrheiten und die gewöhnlichen empirisch-deskriptiven Wahrheiten sehr. Hier werden in der Philosophie noch immer Konfusionen angerichtet. Im Falle von Beschreibungen gewöhnlicher Objekte – Objekte im wörtlichsten Sinne: Ziegelsteine, Bücher, Pulte – ist Wahrheit eine Frage des Hinschauens, des Sehens, in welchen Relationen die Objekte zueinander stehen, während wir in der Mathematik keine aufgereihten Objekte beschreiben und dementsprechend mit einem anderen Wahrheitsbegriff operieren. Einige Mathematiker drücken sich allerdings so aus, als ob sie über eine außersinnliche Wahrnehmung verfügten, die es ihnen gestattete, an mathematischen Strukturen Züge zu erkennen, die wir übrigen nicht zu sehen vermögen.

Wenn ich Sie recht verstanden habe, fassen Sie den Begriff der Wahrheit jetzt ganz analog zu den Begriffen des Objektes und der Existenz auf: Wie die letzteren hat auch der erstere sehr unterschiedliche Bedeutungen, je nachdem, wie wir ihn verwenden. Ist das der Hauptunterschied zu ihrem Wahrheitsbegriff der frühen achtziger Jahre?

Ja. Aber es existiert noch ein anderer Unterschied. Einerseits gibt es viele Propositionen, von denen wir zu Recht behaupten, daß ihre Wahrheit sowie das Bestehen günstiger Bedingungen es uns ermöglichen, sie zu verifizieren – zum Beispiel wenn wir beide jetzt über das Mobiliar in diesem Raum sprechen würden. In solchen Fällen sind die idealisierte Verifizierbarkeit und die Wahrheit begrifflich eng miteinander verknüpft. Andererseits bin ich heute der Überzeugung, daß wir mit der Beherrschung der logischen Begriffe, vor allem der logischen Konstanten und der Quantoren, in die Lage versetzt werden, Sachverhalte zu repräsentieren, die unsere

Verifikationsmöglichkeiten übersteigen. Dies habe ich unmittelbar nach meiner Wende bestritten.

Wenn wir Behauptungen über das ganze physikalische Universum aufstellen, sind wir zwar in der Lage, sie zu verstehen, aber ich würde nun nicht mehr daran festhalten, daß sie unter geeigneten Umständen auch verifizierbar sein müssen. So bezweifle ich beispielsweise, daß der Behauptung, es existierten keine außerirdischen intelligenten Lebewesen, überhaupt physikalisch mögliche Verifikationsbedingungen entsprechen. Denn es könnte einfach einem Zufall zu verdanken sein, daß es keine außerirdischen intelligenten Lebewesen gibt. Und schließlich findet sich in der Raumzeit keine Position, von der aus man die ganze Raumzeit überblicken kann. Unsere eigene Theorie der Welt erklärt also, weshalb sich jene Behauptung sogar einer idealisierten Verifizierbarkeit entzieht. (Vgl. dazu H. Putnam, »Replies«, *Philosophical Topics* 20 (1992), S. 363-366.)

Eine solche Behauptung hat jedoch eine Bedeutung.

Ja, sie hat eine Bedeutung und – wenn wir von der möglichen Vagheit der in ihr enthaltenen Prädikate einmal absehen – sogar einen Wahrheitswert.

Mir scheint, daß Sie damit zu Ihrer ursprünglichen, realistischen Auffassung zurückkehren. In Ihren Kritiken am Konventionalismus und Verifikationismus haben Sie ja verschiedentlich betont, daß wir zum Beispiel den Begriff der Zeit auch auf Universen anwenden können, in denen keine Bewegung existiert, sich die Zeit mithin gar nicht messen läßt und entsprechende Aussagen unüberprüfbar bleiben.

Ja, es hängt mit dem zusammen, obwohl der Wahrheitsbegriff im Rahmen des kontrafaktischen Sprechens besondere Probleme mit sich bringt. Aber es ist tatsächlich mit dem verbunden.

In meinem Buch habe ich verschiedene Einwände gegen den

internen Realismus vorgebracht. Ich möchte die Gelegenheit benutzen, hier zwei mit Ihnen zu diskutieren. Ihrer Meinung nach hängt das, was wir als ein »Objekt« bezeichnen, von unserem jeweiligen Gebrauch eines bestimmten Begriffssystems oder einer bestimmten Sprache ab. Nun setzt das Sprechen über den Gebrauch eines Begriffssystems die Existenz von Personen beziehungsweise Menschen voraus, die dieses Begriffssystem verwenden. Das führt zur äußerst unbefriedigenden Konsequenz, daß wir uns im internen Realismus mit zwei sehr unterschiedlichen Arten von Objekten konfrontiert sehen, nämlich mit Personen einerseits, deren Existenz natürlich nicht vom Gebrauch eines Begriffssystems abhängen kann, und mit allen anderen Objekten wie Hunden oder Tischen andererseits, die durch den Gebrauch einer Sprache erst konstituiert werden.

In »Convention: a Theme in Philosophy« (PP3 170-183) argumentiere ich dahingehend, daß der begriffliche Relativist keinen Standpunkt einzunehmen braucht, wonach jede Aussage ihren Wahrheitswert verändert, wenn man von einem zulässigen Begriffssystem zum anderen wechselt. Um mit dem metaphysischen Realismus zu brechen, genügt es, wenn eine größere Zahl wichtiger Aussagen ihren Wahrheitswert verändern. Diejenigen Aussagen, deren Wahrheitswerte invariant bleiben, gehören der gewöhnlichen Sprache an, nicht der theoretischen Physik oder der Mathematik.

Es gibt eine Verwendungsweise des Wortes »Objekt«, die wir nicht verändern können, ohne seine Bedeutung preiszugeben. Der Begriff des Objektes wurzelt im Sprechen über Tische, Stühle und Ziegelsteine. Tische, Stühle und Ziegelsteine sind Objekte in diesem grundlegenden Sinne des Wortes. Menschen bezeichnen wir hingegen selten als »Objekte« – außer wenn wir uns in einem philosophischen Kontext befinden. Und das ist natürlich ein bemerkenswerter Punkt! Wenn Sie mich als Objekt bezeichnen, beleidigen Sie mich entweder, oder Sie sind ein Philosoph! (*Lacht.*) Aber ein Stuhl oder ein Tisch ist im wörtlichen, im etymologischen Sinne des Wortes ein Objekt – das ist etwas, das man werfen kann. (*Lacht.*) Und hier gibt es keine Relativität.

Die Relativität macht sich erst dort bemerkbar, wo man den Begriff des Objektes über seine ursprüngliche Bedeutung hinaus zu erweitern beginnt. Es gibt nämlich nicht nur *eine* korrekte Erweiterung. Mengen als Objekte zu bezeichnen, kann eine irreführende Art des Sprechens sein; Zahlen als Objekte zu bezeichnen, kann ebenfalls eine irreführende Art des Sprechens sein. Und dies dürfte auch für Personen gelten. Der Wunsch der Philosophen, Allgemeinheit aufzuzwingen und die Anzahl unserer Kategorien zu reduzieren, d.h. alles in eine möglichst kleine Zahl von Kategorien hineinzuzwängen, trägt unserem Weltbild einfach zu wenig Rechnung. Ich habe nie behauptet – selbst als ich Wahrheit mit idealisierter Verifizierbarkeit gleichsetzte –, daß es stets in unserem Ermessen liegt, ob wir etwas als Objekt bezeichnen oder nicht.

Ich finde es wenig sinnvoll, wenn Philosophen sich darüber streiten, ob es sich bei Raumzeit-Punkten um Objekte oder Eigenschaften handelt. Die paradigmatische Unterscheidung zwischen Objekten und Eigenschaften wurde von Aristoteles getroffen: Eine Vase ist ein Objekt, und daß sie aus Kupfer besteht, ist eine Eigenschaft. Aber warum glaubt man, daß die Frage, ob Raumzeit-Punkte Objekte oder Eigenschaften seien, empirisch ist? Es geht doch darum, wie wir jene Unterscheidung, die wir ja nur bezüglich gewöhnlicher Gegenstände getroffen haben, auf einen Bereich ausweiten, in dem sie vorher noch nie zur Anwendung gekommen ist. Man sollte nicht so tun, als ob die Wörter »Objekt« und »Eigenschaft« eine vorgegebene Bedeutung hätten, die festlegt, wie sie auf neue Fälle angewendet werden sollen.

Das scheint mir sehr wichtig zu sein, weil analytische Metaphysiker mehr und mehr dazu neigen – und das geht mit der von mir bereits erwähnten Einstellungen einher, sämtliche Probleme seien empirisch –, alle Fragen einzueb-

nen und als wissenschaftliche Fragen zu betrachten. So wird
»Sind Zahlen Objekte?« mit »Existieren Zahlen wirklich?«
und das wiederum mit »Existieren Elektronen wirklich?«
gleichgesetzt. Ich lehne das ab; wir müssen hier wesentlich
langsamer vorgehen.

Ein zweiter Einwand bezieht sich auf Ihr modelltheoreti-
sches Argument gegen den metaphysischen Realismus, wie
Sie es beispielsweise in Reason, Truth and History *vorgelegt*
haben: Wir gehen von einer syntaktisch bestimmten forma-
len Sprache; aus und definieren eine Theorie als konsistente,
deduktiv abgeschlossene Menge von Sätzen dieser Sprache;
nun wissen wir, daß zu jeder derartigen Theorie ein Modell
(beziehungsweise eine Interpretation) existiert, das alle Sätze
der Theorie wahr macht; durch eine Permutation der Objek-
te im Wertebereich der Variablen lassen sich, wie Sie argu-
mentieren, stets andere Modelle oder Interpretationen fin-
den, welche die Sätze der Theorie ebenfalls wahr machen,
obwohl die Individuenkonstanten und Prädikate der betref-
fenden Sprache jetzt auf andere Objekte referieren, also eine
andere Bedeutung haben; Sie schließen daraus, daß keine
Theorie ihre eigene Interpretation festzulegen vermag und
die Behauptung des metaphysischen Realisten, es müsse zwi-
schen einer Theorie und der Welt eine feste Korrespondenz-
relation geben, falsch ist.

Dieses Argument setzt offensichtlich voraus, daß die be-
treffende Sprache keine starren Designatoren, d.h. keine
Ausdrücke enthält, die in allen Modellen die gleiche Extensi-
on haben. Gemäß der von Ihnen in »The Meaning of ›Mea-
ning‹« entwickelten Bedeutungstheorie haben nun aber die
meisten unserer alltäglichen oder wissenschaftlichen Prädi-
kate wie »Wasser« eine versteckte indexikalische Komponen-
te, d.h. eine starre Referenz. Ihrer eigenen Konzeption von
Bedeutung zufolge funktioniert das modelltheoretische Ar-
gument also nicht.

Lassen Sie mich zwei Dinge klarstellen: Erstens wollte ich

mit dem modelltheoretischen Argument nicht zeigen, daß keine Ausdrücke in starrer Weise referieren. Das modelltheoretische Argument geht vielmehr von den Prämissen des metaphysischen Realisten aus – beispielsweise von der Annahme, daß wir über einen vorgegebenen Begriff des Objektes verfügen, aus dem wir den Begriff aller Objekte, d.h. den Begriff der Totalität aller Objekte, zu gewinnen vermögen. Es geht also von diesen Vorstellungen und, wie ich heute hinzufügen würde, von gewissen Annahmen der klassischen Erkenntnistheorie aus, wonach wir nur in wenigen Fällen die Referenz unserer Ausdrücke anhand unserer Bekanntschaft mit den betreffenden, unserem Geist direkt zugänglichen Referenzobjekten festzulegen vermögen. Die Ausdrücke, deren Referenzobjekte uns in dem Sinne bekannt sind, können wir dann vom Permutationsargument ausnehmen. Eine solche Einschränkung der modelltheoretischen Argumente habe ich immer ausdrücklich zugelassen: Man benötigt keine Permutation *aller* Termini, sondern kann sich auf diejenigen Ausdrücke beschränken, die keine direkte Referenzfixierung durch eine Art von »Wissen durch Bekanntschaft«, wie Russell es nennt, zulassen.

Wenn wir nun von diesen erkenntnistheoretischen Annahmen und dem Begriff der Totalität aller Objekte ausgehen, wird vollkommen uneinsichtig, wie unsere Ausdrücke – vielleicht abgesehen von solchen, die sich auf Sinnesdaten beziehen – in einer starren Weise referieren können. Aber daraus habe ich nicht geschlossen, daß außer den Sinnesdatenausdrücken kein Terminus in starrer Weise referiert; ich habe daraus vielmehr gefolgert, daß die Prämissen, die zu dieser Konklusion führen, falsch sein müssen. Dabei dachte ich vor allem an die Annahme, wir verstünden, was wir mit der Totalität aller Objekte eigentlich meinen. Ich wollte jene Konklusion, die ja der Position von »The Meaning of ›Meaning‹« widerspricht und mit Quines Doktrin der ontologischen Relativität gleichgesetzt werden kann, also nicht verteidigen. Wer glaubt, das Argument schließe von richtigen

Prämissen auf eine richtige Konklusion, akzeptiert Quines Gründe für die ontologische Relativität. Ich betrachte das modelltheoretische Argument im Gegensatz zu Quine als eine reductio ad absurdum. Ich wollte damit lediglich herausfinden, welche Voraussetzungen des metaphysischen Realismus falsch sind.

Bereits in *Reason, Truth and History* hatte ich die Annahme aufgegeben, wir hätten eine determinierte Totalität aller Objekte. Durch das Verstehen von Begriffen wie Katze, Hund, Elektron und so weiter gelangen wir zum Begriff eines Objektes, und nicht umgekehrt. Heute würde ich nun hinzufügen, daß es auch nötig ist – und das habe ich zur Zeit von *Reason, Truth and History* noch nicht gesehen –, die traditionelle Erkenntnistheorie zu kritisieren. Das Problem wird nämlich ebenso sehr durch die Vorstellung erzeugt, daß der Geist in seinen eigenen Sinnesdaten eingeschlossen ist, wie durch Freges formalen Begriff der Totalität aller Objekte.

Meine neuen Aufsätze werden unter anderem darauf abzielen, die Konzeption des sogenannten direkten Realismus zu verteidigen, d.h. die Vorstellung, daß wir einen unmittelbaren wahrnehmungsmäßigen Zugang, wenn nicht zum ganzen Universum, so doch zu unserer Umwelt haben. Meines Erachtens läßt sich – entgegen Bas van Fraassen – auch keine signifikante Grenze ziehen zwischen Wahrnehmungen, die nicht mit Hilfe von Instrumenten zustandekommen, und instrumentell unterstützten Wahrnehmungen. Ich versuche jetzt also, eine völlig andere Sicht unseres begrifflichen Zugangs zur Welt zu vertreten.

Ich erinnere mich im übrigen, in der Einleitung zum Buch *Realism and Reason* das modelltheoretische Argument nicht als *Lösung* des Problems von Realismus und Antirealismus betrachtet zu haben, sondern als Beleg für das Vorhandensein eines Problems: Es weist auf die Existenz eines Problems hin, indem es uns vor Augen führt, daß jene Annahmen zu paradoxen Schlüssen führen; es zwingt uns dazu, die Frage zu beantworten, welche Voraussetzung wir aufzugeben gewillt sind.

Aber ein metaphysischer Realist kann Ihnen doch engegenhalten, daß wissenschaftliche Theorien in Sprachen verfaßt sind, die im wesentlichen nur starre Designatoren enthalten und auf die das modelltheoretische Argument folglich gar nicht angewendet werden kann.

Die Antwort ist: Als ich »The Meaning of ›Meaning‹« verfaßte, betrachtete ich diesen Aufsatz nicht als metaphysische Untersuchung, sondern als eine bescheidene rationale Rekonstruktion unseres gewöhnlichen Bedeutungsbegriffs. Unter diesen Voraussetzungen konnte ich natürlich vom Begriff der Referenz Gebrauch machen. Aber wenn man tiefer geht, und das Problem dann darin besteht, bei einer gegebenen Konzeption der Sprache und des Geistes herauszufinden, wie feste Referenz möglich ist, wird einem der Rückgriff auf eine begriffliche Analyse, welche den Begriff der Bedeutung bereits voraussetzt, nicht weiterhelfen. »The Meaning of ›Meaning‹« hat einfach nicht den Anspruch, tiefgreifende metaphysische Fragen zu behandeln.

Eine persönliche Frage: Während der sechziger Jahre waren Sie ein Marxist, heute bezeichnen Sie sich – beispielsweise in Renewing Philosophy – *als praktizierenden Juden. Wie geht das zusammen? Was hat diesen Wandel ausgelöst?*

Beides hat, wie paradox das auch klingen mag, seine Wurzeln in meiner Kindheit. Mein Vater war lange Jahre Kommunist. Von Mitte der dreißiger bis Mitte der vierziger Jahre publizierte er eine Kolumne im *Daily Worker*. Im Gegensatz zu den meisten Kommunisten hatte er jedoch auch eine tiefe religiöse Ader. Er gehörte zwar keiner Kirche an, aber mir war seine große Achtung vor der Spiritualität immer bewußt. Als ich aufwuchs, hatte ich somit nie das Gefühl, daß sich eine Verpflichtung gegenüber dem Sozialismus oder Marxismus und eine Form von spiritueller Bindung ausschließen.

Im *college* habe ich, wie gesagt, gerne Kierkegaard gelesen. Meine latente Spiritualität kam jedoch erst zum Vorschein, als mein Sohn ein gewisses Alter erreichte und zu mir sagte, er möchte ein Bar Mitzvah. Daraufhin traten wir der jüdischen Gemeinde Harvards bei. Das war 1975, und seither bin ich sehr aktiv gewesen. Dies gab mir ein Ventil für eine sehr ungeformte Spiritualität, die mich schon während langer Zeit begleitet hatte.

Mein Interesse am Marxismus verflüchtigte sich in den fünfziger Jahren mehr oder weniger. Mit dem Stalinismus hatte ich bereits in der *high school* gebrochen, noch bevor mein Vater die Partei verließ – was zu heftigen Auseinandersetzungen führte. Das Interesse am Marxismus kam mit dem Vietnamkrieg allerdings wieder auf, aus Sorge um diesen Krieg und die enormen Ungerechtigkeiten, die mit ihm einhergingen. Das heißt allerdings nicht, daß ich glaubte, die Vietnamesen seien im Recht. Aber wir hatten unsererseits kein Recht, mehr Bomben auf ein kleines Land zu werfen, als während des Zweiten Weltkriegs auf ganz Europa abgeworfen worden sind. Das Unrecht, das wir einer unschuldigen Zivilbevölkerung angetan haben, kann weder durch Antikommunismus noch durch Realpolitik gerechtfertigt werden.

Später brach ich mit dem Marxismus aufgrund meiner Erfahrungen mit der Rolle, die die Marxisten in der Studentenbewegung spielten. Ich kam zur Überzeugung, daß im Marxismus-Leninismus der sechziger Jahre etwas inhärent Manipulatives steckte. Heute bezeichne ich mich allerdings noch immer als Sozialisten. Mir scheint, daß Marx zwar ein Genie, das Schlagwort »wissenschaftlicher Sozialismus« für die sozialistische Bewegung jedoch ein Desaster gewesen ist. Wenn man die Sozialisten aufzuteilen versucht in Utopisten und solche, die im Besitze der echten Wissenschaft sind, so befindet man sich auf dem Weg zum Totalitarismus.

Welche philosophischen Themen werden Sie in Zukunft beschäftigen?

Ich habe verschiedene Pläne. Zum einen möchte ich diese Arbeiten zum direkten Realismus in Angriff nehmen. Ich betrachte den Streit zwischen Realismus und Antirealismus heute als eine Debatte, die nicht erschöpfend mit den Mitteln der Modelltheorie oder der formalen Logik behandelt werden kann. Unsere Ansichten über die Fähigkeiten des menschlichen Geistes sind nämlich ein wesentlicher Bestandteil dieser Geschichte. Die Schwierigkeiten des traditionellen Realismus und des traditionellen Antirealismus entstehen meines Erachtens aus einer Konzeption des Geistes (und seiner Beziehung zur Realität), welche *beiden* Positionen zugrunde liegt. Beide beruhen auf einer – wie ich es nenne – Interface-Konzeption der Wahrnehmung, wonach wir nicht die Welt selbst, sondern bloße Repräsentationen wahrzunehmen vermögen. Diese Konzeption führt auf beiden Seiten der Debatte zu Absurditäten und Paradoxien.

Es genügt nicht zu zeigen – wie das Rorty behauptet –, daß die traditionellen philosophischen Auffassungen in Sackgassen führen. Wir müssen vielmehr zu verstehen versuchen, von welchen gültigen Einsichten die rivalisierenden Positionen ausgehen. Normalerweise gibt es ja auf beiden Seiten einer philosophischen Polemik gewisse Einsichten. Es ist heute leider Mode geworden zu sagen, etwas sei eine Pseudostreitfrage, die nirgends hinführe. Die eigentliche Arbeit besteht jedoch darin, die jeweiligen Einsichten fruchtbar zu machen.

Seit längerer Zeit arbeite ich zudem mit meiner Frau, Professor Ruth Anna Putnam, an einem Buch über William James, das wir 1996 abzuschließen hoffen. Ich beginne auch, mich wieder vermehrt mit der Philosophie der Mathematik zu beschäftigen; ich hoffe, diesem Gebiet in Zukunft mehr Zeit widmen zu können. Und ich möchte die Meinungsverschiedenheiten zwischen Quine und mir bezüglich der ontologischen Relativität schriftlich festhalten.

Cambridge, Massachusetts, 14. Januar 1994

Literatur

Wichtige Schriften von Putnam

Eine umfassende Bibliographie von Putnams Schriften findet sich in dem von V.C. Müller herausgegebenen und übersetzten Band: H. Putnam, *Von einem realistischen Standpunkt*, Reinbek: Rowohlt, 1993, S. 278-294.

1971 *Philosophy of Logic*, New York: Harper & Row (photomechanischer Abdruck durch Allen & Unwin, London, 1972).

1973 »Meaning and Reference«, *The Journal of Philosophy* 70, S. 699-711.

1975 *Mathematics, Matter and Method, Philosophical Papers Volume 1*, Cambridge: Cambridge University Press (durch *Philosophy of Logic* ergänzte zweite Auflage 1979); *Mind, Language and Reality, Philosophical Papers Volume 2*, Cambridge: Cambridge University Press.

1978 *Meaning and the Moral Sciences*, London: Routledge & Kegan.

1980 »How to Be an Internal Realist and a Transcendental Idealist (at the Same Time)«, in R. Haller und W. Graßl (Hg.), *Language, Logic, and Philosophy*, Wien: Hölder-Pichler-Tempsky, 1980, S. 100-108.

1981 *Reason, Truth and History*, Cambridge: Cambridge University Press.

1983 *Realism and Reason, Philosophical Papers Volume 3*, Cambridge: Cambridge University Press.

1985 »Reflexive Reflections«, *Erkenntnis* 22, S. 143-153.

1986 »Information and the Mental«, in E. LePore (Hg.), *Truth and Interpretation,* Oxford: Blackwell, S. 262-271: »The Realist Picture and the Idealist Picture«, in V. Cauchy (Hg.), *Philosophie et culture,* Montreal: du Beffroi, S. 205-211.

1987 *The Many Faces of Realism,* La Salle: Open Court; »The Diversity of the Sciences: Global versus Local Methodological Approaches«, in P. Pettit et al. (Hg.), *Metaphysics and Morality,* Oxford: Blackwell, S. 137-153.

1988 *Representation and Reality,* Cambridge: MIT Press.

1989 »Model Theory and the ›Factuality‹ of Semantics«, in A. George (Hg.), *Reflections on Chomsky,* Oxford: Blackwell, S. 213-232.

1990 *Realism with a Human Face,* Cambridge: Harvard University Press; »The Idea of Science«, *Midwest Studies in Philosophy* 15, S. 57-64.

1991 »Logical Positivism and Intentionality«, in A. Phillips Griffiths (Hg.), *A.J. Ayer Memorial Essays,* Cambridge: Cambridge University Press, S. 105-116; »Does the Disquotational Theory Really Solve All Philosophical Problems«, *Metaphilosophy* 22, S. 1-13.

1992 *Renewing Philosophy,* Cambridge: Harvard University Press; »Replies«, *Philosophical Topics* 20, S. 347-408.

In deutscher Sprache

1979 *Die Bedeutung von »Bedeutung«,* übers. von W. Spohn, Frankfurt: Klostermann.

1982 *Vernunft, Wahrheit und Geschichte,* übers. von J. Schulte, Frankfurt: Suhrkamp.

1991 *Repräsentation und Realität,* übers. von J. Schulte, Frankfurt: Suhrkamp.

1993 *Von einem realistischen Standpunkt,* hg. und übers. von V. C. Müller, Reinbek: Rowohlt (enthält unter anderem Aufsätze beziehungsweise Kapitel aus *Mind, Language and Reality, Realism and Reason, Realism with a Human Face* und *Renewing Philosophy*).

Grundlagentexte zu den Problemfeldern der Philosophie Putnams

Davidson, D.: (1974) »On the Very Idea of a Conceptual Scheme«, in ders., *Truth and Interpretation*, Oxford: Clarendon Press, 1984, S. 183-198

An Quines Dogmenkritik anknüpfendes Argument für die These, daß nicht sinnvollerweise von mehreren, unverträglichen Begriffssystemen gesprochen werden kann.

Devitt, M.: *Realism and Truth*, Oxford: Blackwell, 1984

Unter anderem gegen Putnam gerichteter Versuch, den Realismus ohne Rückgriff auf den Wahrheitsbegriff zu definieren und eine Kausaltheorie der Referenz aufzustellen.

Dummett, M.: *The Logical Basis of Metaphysics*. Cambridge: Harvard University Press, 1991

Überarbeitete Fassung der William James Lectures von 1976, die Wesentliches zu Putnams Hinwendung zum »internen Realismus« beitrugen.

Frege, G.: (1892) »Über Sinn und Bedeutung«, in ders., *Funktion, Begriff, Bedeutung*, Göttingen: Vandenhoeck & Ruprecht, 1980, S. 40-65

Grundstein der modernen Sprachphilosophie und Ausgangspunkt für die von Putnam kritisierte »kalifornische« Semantik.

Goodman, N.: *Ways of Worldmaking*, Indianapolis: Hackett, 1978

Von Putnam teils begrüßte, teils kritisierte relativistische Konzeption von Wahrheit und Realität.

Kuhn, T.S.: (1962) *The Structure of Scientific Revolution*, Chicago: University of Chicago Press, 1970

Einflußreichster Beitrag zur Wissenschaftstheorie dieses Jahrhunderts, der den nichtkumulativen Aspekt des wissenschaftlichen Fortschritts und die relativistische Natur des Tatsachenbegriffs betont.

Quine W. V.: (1951) »Two Dogmas of Empiricism« in ders., *From a Logical Point of View*, Cambridge: Harvard University Press, 1961, S. 20-46

Der für das Selbstverständnis der heutigen analytischen Philosophie wohl wichtigste Text, der den wissenschaftstheoretischen Holismus sowie den erkenntnistheoretischen Naturalismus begründete und schwerwiegende Zweifel an der Durchführbarkeit einer Philosophie der Sprache aufkommen ließ.

Turing, A.: (1950) »Computing Maschinery and Intelligence«, in D. R. Hofstadter und D. C. Dennett (Hg.), *The Mind's I,* London: Penguin, 1982, S. 53-67 (dt. in: A. Turing, *Intelligence Service. Schriften,* hg. von B. Dotzler und F. Kittler, Berlin: Brinkmann und Bose, 1987, S. 147-182)
Formulierung des berühmten Turing-Tests und historischer Ausgangspunkt der Diskussion um das Verhältnis von Geist und Computer.

Zeittafel

1926   Hilary Putnam wird am 31. Juli in Chicago geboren.

1927-34 Putnams Familie lebt in Paris; sein als Übersetzer tätiger
         Vater – er hat unter anderem Cocteau, Pirandello und
         Cervantes' *Don Quichote* ins Englische übertragen – be-
         schäftigt sich dort mit dem Werk Rablais'.

1934   Rückkehr in die Vereinigten Staaten: Putnams Vater tritt
         der kommunistischen Partei bei und betreut zehn Jahre
         lang die literarische Kolumne des *Daily Worker*.

1944-48 Untergraduiertenstudium mit den Schwerpunkten Wis-
         senschaftstheorie und Logik an der Universität von
         Pennsylvania unter C. West Churchman und Morton
         White; Abschluß mit dem Bachelor of Arts.

1948-49 Graduiertenstudium der Mathematik und mathemati-
         schen Logik an der Harvard University; dort wird Put-
         nam von Quines Philosophie geprägt, insbesondere von
         Quines Konzeption der Ontologie und dessen Kritik an
         der Unterscheidung zwischen analytischen und synthe-
         tischen Sätzen.

1949-51 Graduiertenstudium unter Hans Reichenbach an der
         Universität von Kalifornien in Los Angeles: Putnam be-
         sucht Reichenbachs Veranstaltungen über die Philoso-
         phie von Raum und Zeit; selbständiges Studium der Ma-
         thematik.

1951   Promotion (Ph. D.) bei Reichenbach (1990 bei Garland
         unter dem Titel *The Meaning of the Concept of Probabi-
         lity in Application to Finite Sequences* publiziert).

1952-53 Dozent der Philosophie an der Northwestern Universi-
         ty.

1953-60 Assistenzprofessor für Philosophie an der Princeton University; intensive Gespräche mit Rudolf Carnap, der zwei Jahre als *visiting fellow* am dortigen Institute for Advanced Study tätig ist.

1957 Arbeit an dem von Herbert Feigl geleiteten Minnesota Center for the Philosophy of Science; fruchtbare Gespräche mit Paul Ziff; Putnam beginnt, eine Reihe von Aufsätzen über mathematische Logik zu publizieren (namentlich im *Journal of Symbolic Logic*); im Herbst schreibt er den einige Jahre später publizierten Aufsatz »The Analytic and the Synthetic«, in dem er erstmals eine eigene philosophische Position ausarbeitet.

1960-61 Professor für Philosophie an der Princeton University.

1960-65 Professor für Wissenschaftstheorie am Massachusetts Institute of Technology; seine ersten einflußreichen philosophischen Arbeiten erscheinen, namentlich »What Theories Are Not« und »Minds and Maschines«; der Vietnamkrieg veranlaßt ihn zur Gründung eines der ersten fakultären und studentischen Antikriegskomitees.

1965 Professor für Philosophie an der Harvard University; später führt er Veranstaltungen über den Marxismus durch;6 sympathisiert mit der Antikriegsvereinigung »Students for a Democratic Society«.

1966-67 Vorlesungen über Sprachphilosophie, die im Aufsatz »The Meaning of ›Meaning‹« (1975) ihren Niederschlag finden.

1971 Veröffentlichung seines erstes Buches, *Philosophy of Logic*.

1972 Ende seines marxistischen Engagements.

1975 Die ersten beiden Sammelbände seiner philosophischen Aufsätze erscheinen; der dritte folgt 1983.

1976-77 Als Präsident der »American Philosophical Association« und der »Association of Symbolic Logic« hält er zwei vielbeachtete Ansprachen: »Realism and Reason« (1978 in *Meaning and the Moral Sciences* veröffentlicht) sowie »Models and Reality« (in *Realism and Reason*, 1983).

1981 Im Buch *Reason, Truth and History* dokumentiert er seinen in »Realism and Reason« vollzogenen Wandel vom (metaphysischen) Realismus zum sogenannten internen Realismus.

1985   Carus Lectures (1987 als *The Many Faces of Realism* publiziert).

1987   Putnam hält Kant-Vorlesungen in München und Stanford sowie die Whidden Lectures; Fellow der Israel Academy of Science.

Seit 1988 hat Putnam zwei Bücher und einen weiteren Sammelband mit Aufsätzen veröffentlicht; ein weiterer Sammelband ist unter dem Titel *Words and Life* (1994) in Vorbereitung.